New Business
Growth Guide

全域经营
创新指南

腾讯 —— 编著

机械工业出版社
CHINA MACHINE PRESS

图书在版编目（CIP）数据

全域经营创新指南 / 腾讯编著 . —北京：机械工业出版社，2023.8（2023.11
重印）

ISBN 978-7-111-73454-3

I.①全… Ⅱ.①腾… Ⅲ.①电子商务 – 经营管理 – 指南 Ⅳ.①F713.365.2-62

中国国家版本馆 CIP 数据核字（2023）第 120341 号

机械工业出版社（北京市百万庄大街22号　邮政编码100037）
策划编辑：刘　静　　　　　　　责任编辑：刘　静　　王　芹
责任校对：张昕妍　　李　婷　　责任印制：张　博
北京建宏印刷有限公司印刷
2023 年 11 月第 1 版第 2 次印刷
170mm×230mm · 16.75 印张 · 1插页 · 204千字
标准书号：ISBN 978-7-111-73454-3
定价：79.00元

电话服务　　　　　　　　　　网络服务
客服电话：010-88361066　　　机 工 官 网：www.cmpbook.com
　　　　　010-88379833　　　机 工 官 博：weibo.com/cmp1952
　　　　　010-68326294　　　金 书 网：www.golden-book.com
封底无防伪标均为盗版　　　　机工教育服务网：www.cmpedu.com

在腾讯智慧零售部门创立之初，团队在与品牌及商家的深入交流中深切地感受到各行各业深受流量的困扰，以及对自主经营的期盼。于是，充分发挥腾讯的数字化能力和生态优势，助力品牌及商家更高效、更长久地做生意，成了腾讯智慧零售的愿景。

过去几年，在团队贴身陪跑数百家头部品牌及商家数字化转型或升级的过程中，腾讯独有的、去中心化的商业生态价值不断得到验证。基于微信生态和各种"原子化组件"构建私域经营阵地，企业可以拥有自己的数字资产、自己的交易场域，定义自己的经营规则和节奏，提升组织内部效率，获得更可观、可控的利润。在全域经营模式下，企业通过触达消费者获得真实的数字化洞察，将会进一步提升资源分配、产品研发等方面的效率，为企业带来新的造血能力，企业增长将呈现出非常强的韧性。

——腾讯集团高级副总裁　林璟骅

过去几年，中国零售业在数字化经营方面飞速发展。从私域业态的提出到 2020 年"私域元年"的到来，再到 2021 年有效私域的深耕，我们深刻地感受到实体零售企业的数字化已经从探索线上增长机会，转向线上线下全渠道发展。私域的发展也呈现出全新的特征：公域与私域形成反哺，线上与线下进一步打通，品牌与渠道开始联合。以消费者为中心、以有效私域为基石的全域经营，正在形成全新的商业浪潮。

腾讯智慧零售团队在深入一线、与 600 多个品牌及商家一起"升级打怪"的过程中，锻炼出了从生意诊断咨询到数字化产品构建再到运营落地陪跑的一整套能力，能够基于企业的深度需求和痛点，助力其实现切实的业绩增长。未来，在助力品牌及商家全渠道发展的道路上，我们将会一如既往地发挥腾讯的独特价值，成为企业的全域经营增长伙伴。

——腾讯智慧零售副总裁、腾讯云副总裁　陈菲

　　"以消费者为中心"是许多企业奉行的经营理念。在中国，微信以及微信生态中不同产品的出现和发展，助推了私域的兴起和蓬勃，这也使"以消费者为中心"得以实现。与此同时，伴随着以微信小程序交易为代表的"去中心化自主交易模式"的高速发展，各行各业正在步入全域经营的新阶段。

　　品牌及商家基于微信生态构建私域经营阵地，不仅可以有效识别来自线上线下的全域消费者，还可以全域贯通企业传递的信息、提供的服务，为消费者提供便捷、统一的体验。更为关键的是，在这一过程中积累的消费者数字资产能够有效地沉淀至品牌私域，并且进一步反哺企业在全域的营销运营，形成正向循环。希望本书中总结的多个行业的打法与案例能够为企业带来有价值的实操参考，加速全域经营生态的繁荣发展。

——腾讯智慧零售市场副总裁、腾讯广告
市场副总经理　常越

| 鸣谢 |

（排名不分先后）

- **总顾问**

  林璟骅　腾讯集团高级副总裁

  陈　菲　腾讯智慧零售副总裁、腾讯云副总裁

  常　越　腾讯智慧零售市场副总裁、腾讯广告市场副总经理

- **专家顾问**

  王　墨　李　洋　何　迪　程　伟　梅　婷　张锦煜　甘晓宇　苏龙飞

  翟　昆　吴　莎　叶　剑　杨　波　李雅洁　李有祥　刘　琳　毛安然

  胡璐璐　张玙瑶　曹超云　赵明明　李　忠　董　丽　王佩妮　张君天

  李　霜　陈　涛　崔俊琦　何　帆　钟　楠　崔立一　赵泽宇　李海灵

  韩　锐　赵天炜　章伟华　张恒杰　赵　爽　何旭霞　陈俞瑾　刘思琴

  许　浩　桑东升　陈靖蓉　朱振谦

- **内容创作**

  黄超子　刘　蕾　张　芳　钟汝轩　宋晓英　李新彤　冯佳丽　侯维铖

  王　林

- **特别感谢**

  刘　润　润米咨询创始人

- **视觉策划**

  罗福良

- **合作支持**

  鲍晨明　钱　艺　田林妍　梁一帆　孔　婷　努尔夏提·尼加提　孟雪锋

  周博云　张柳燕　马梦顾　加琳玮　胡　跃　易海军　邹　键　丛　超

  陈彦欣　周　璐　成　庆　周伟婷　李碣石　卢士丽　吕大鹏

实践篇

理论篇

第 1 章

全域经营新周期

随着信息技术的高速发展，流量环境一直发生着变化。对零售消费行业而言，流量从线下向线上迁徙加速了线上与线下的融合。同时，零售业态和商业模式也得到了不断的探索和升级。可以说，如今的零售消费行业发展已经进入了全域经营新周期。

想要了解全域经营新周期，我们需要先了解近二十年来流量的三次迁徙，进而了解全域经营的定义和主阵地，以及品牌如何通过全域经营获得收益。这些是本章将重点探讨的内容。

三次流量迁徙

第一次流量迁徙：从线下到线上

第一次流量迁徙，源于 PC 互联网及移动互联网的发展。在 PC 互联网及移动互联网时代，众多新用户涌入线上，更低的获客成本驱动线下商家转向线上，形成大规模流量迁徙。这种迁徙带来的商业模式变化是中心化的电商平台模式逐渐成型，线下绝大部分实体零售商接受了这一变化并完成了线上渠道的布局。

随着第一次流量迁徙，公域与私域的区隔及私域雏形显现。在线下，品牌通过户外广告、报刊广告、电视广告、宣传单等渠道获取公域流量；在线上，则以门户网站、搜索网站广告等为主要公域流量获取途径。电子邮箱、社区及社交工具（如QQ、个人微信）担当着私域的雏形角色。在这一进程中，品牌与消费者的关系多为单向的，交易服务转化效率低，以公域获客为主，未构建起真正意义上的品牌私域。

第二次流量迁徙：从公域到私域

第二次流量迁徙，随着互联网（尤其是移动互联网）渗透率接近天花板而发生。

电商平台在PC端和移动端通过平台运营、生态体系建设等建立C端消费者购物心智，将流量售给B端品牌商家，实现在线销售转化，使B端形成了"持续投放广告，以获取电商公域流量"的心智。

随着互联网渗透率见顶，市场竞争进入存量阶段，线上电商与线下零售商开始争夺消费者资产。品牌需要在电商平台上反复投放广告以重复获取同一批消费者，且获客成本及广告价格持续攀升，依靠公域获客成就单次交易的方式难以为继。

2018年左右，一些企业开始探索如何留量和多次触达转化，"私域"的概念被正式提出。2020年，新冠疫情客观上推动了私域的爆发，线下企业（如餐饮、商超等）开始广泛应用私域触客。这一年被称为"私域元年"，全行业开始大规模探索私域及其应用，推动了从公域到私域的第二次流量大迁徙。

在这一进程中，中心化电商平台仍占主导，并在2018年后与品牌开启合作探索，但由于品牌与平台存在流量成本博弈、线上渠道与线下实体割裂，以及非直营体系（代理商、经销商）与直营体系的利益冲突等问题，品牌私域难以真正沉淀和积累消费者关系、商品偏好等数字资产。

同时，伴随着私域的发展，主要基于微信生态的去中心化的自主交易模式逐渐形成，并自2018年开始高速发展，为品牌提供了更多选择。2020年，私域出现了首个GMV（商品交易总额）百亿元规模商家，吸引了大量线下巨型企业入场，到2022年，私域的系统化建设已成为行业共识，众多企业通过私域重构生意模型，将私域视为用户运营管理的底座和业务增长的基石。

第三次流量迁徙：全域融合

私域的快速发展，4G/5G促进新内容形式与产品的迭代，引发了第三次流量迁徙。

短视频、直播、移动支付、社交平台交易等行为的大众化，使公域私域的流量来源更加多元化，也使线上和线下的流量具备了整合的基础。

全域时代来了，消费者从固定场所消费转向真正的移动消费。线下和线上的不同场景中有更多的触点可被识别和记录，品牌可以通过线下门店和线上店铺的小程序二维码、柜员的企业微信二维码等，将线下门店流量和公域流量转化为数字化的品牌私域流量，实现重复触达，然后引导消费者在小程序或电商平台直接交易，或回到线下门店成交和体验服务，实现"以消费者为中心"——自由地选择交易渠道和形式。

第三次流量迁徙更多的是一种价值回归：在经历了高速发展之后，品牌放弃单纯的流量依赖，回归商业的本质——为消费者提供商品和服务。以私域为基石推进全域经营，商家可以驱动生意价值最大化，这将成为2023年乃至今后一段时间内最大的主题。

解读全域经营的定义

全域经营，作为当下数字化经营的主流模式，由腾讯于2022年给出了明确的定义。**全域经营是企业以数字化手段建立的，以消费者为中心、整合线上线下场景、整合公域私域触点的一体化经营模式**（见图1-1）。**私域是全域经营的基石**。

图 1-1 全域经营

"以消费者为中心"并非新鲜事物，但在中国，私域的兴起和发展才使它得以真正实现。这与微信这一去中心化的、开放式的、以人为中心的产品的发展密不可分。自 2020 年"私域元年"开始，企业不断借助微信生态将公域流量引流并沉淀到私域，进行有效运营。举例来说，来自线下商场、广场等公众场合和门店，线上电商及内容平台，以及微信域内公众号、视频号、看一看、搜一搜等的流量都属于公域流量，品牌既可以通过付费广告、与创作者合作等方式获取这些流量，也可以通过自产好内容自然吸引公域流量，还可以通过邀请消费者添加企业微信、扫码进群、打开小程序关注或注册会员等形式，将公域流量转化成为私域流量。微信生态帮助品牌实现了"以消费者为中心"的公私维度转化，品牌通过私域建立起了其与消费者间互动关系的"培养场"。

何为全域经营下的**线上线下整合**？主要是"消费者旅程"的重构，包括消费者识别整合和消费者服务整合，做到"以消费者为中心"。例如，为消费者提供让其可以自由选择线上下单线下取货、线上领券线下核销或者线下体验再返回线上支付等真正完整的线上线下一体化体验。

从底层来说，要想支持前端消费者服务线上线下一体化，品牌在后端就一定要进行相应的商业运营的整合。这要求品牌无论在线上还是线下，都清楚地知道消费者身在何处，能够洞察和研判消费者的需求，进而满足甚至创造新的消费需求。

那么，何为**公域私域整合**？

私域是品牌独立拥有的，可以重复、低成本甚至免费触达用户的场域。该定义由腾讯在 2021 年提出，目前已被行业广泛接受。随着时间的推移，为区别于有名无实的诸多无效尝试，更多企业将"有效私域"视为关键，这也成为公域私域整合的核心。

"有效私域"，即品牌在其中可完成有效触达、有效运营、有效关系积累的私域，在企业全域经营中是推动公域私域联动并驱动业务正循环发展的重要力量。

有效私域的四大特征，即满足消费者个性化的服务需求、满足地域性的触达和服务需求、满足企业自主性的运营需求、高黏性与高转化。

满足消费者个性化的服务需求。品牌可以借助工具进行一对一的商品信息、促销信息和服务信息的触达和转化，也可以进行一对多的信息触达和互动交流，从而为消费者提供个性化的商品和服务。

满足地域性的触达和服务需求。不同地域的线上线下消费者的分层分区域精细化运营，可与品牌的线下门店位置分布契合联动，让拥有实体门店的品牌根据地理位置来差异化经营消费者。

满足企业自主性的运营需求。所有转化至私域进行经营的消费者都为品牌自主可控的，无论是消费者资产的管理，与其他经营渠道共享和互通消费者信息，还是选择不同的销售渠道产生交易或服务，完全都由品牌自主决定。

高黏性与高转化。消费者产生品牌忠诚度，迁移意愿变弱，尽管会被电商平台和内容平台所吸引，但他们仍然愿意长期留在品牌所建立的微信群和企业微信的好友列表里，品牌可随时组织相应的销售转化和促销活动，触达和激活消费者，并获得较高的转化率。

"公域私域贯通"指的是客流、信息流、服务流在线上线下的公域流量、公域门店、私域用户池和私域门店中能够贯通，实现相互赋能。真正有效的公域私域整合能够满足品牌在全域经营中的控制力和自主性需求。

结合腾讯提出的全域"四象限"（见图1-2）则更好理解，企业在公域流量、公域门店、私域用户池、私域门店这四象限内的所有触点要实现客流、信息流、服务流的全面无缝连接与互通，从而达到消费者交易与体验的最优化、品牌经营效率的最大化。

公域流量

公域中的流动人口数被称为公域流量，在线上一般称为公域流量，在线下则更多称为客流量

- 线上公域
- 线下公域

私域用户池

私域用户是品牌直接拥有的、可以重复低成本甚至免费触达的用户。私域用户池是品牌与私域用户间互动关系的"培养场"

- 弱连接型
- 中连接型
- 强连接型

公域门店

公域门店是指消费者资产不属于品牌自有的、线上线下所有的交易与服务交付场域

- 线下门店
- 线上门店

私域门店

私域门店是品牌自营的交易与服务的交付场域，品牌可直接拥有消费者数字资产。私域用户作为私域流量在私域门店内形成转化

- 独立app
- 品牌官网
- 微信小程序

图 1-2　全域"四象限"

以食品饮料行业为例，品牌既可以通过朋友圈广告、视频号广告，或者通过搜一搜"超级品牌专区"承接自然搜索获得线上流量，也可以通过商超大屏、POP（Point of Purchase，购买终端）小程序码乃至瓶身二维码等沉淀线下流量。品牌可以根据不同的目标，将公域流量引导至品牌私域小程序进行交易，也可以直接引导到电商平台实现成交，或者先沉淀到私域（如企业微信），再通过合适的运营，引导消费者前往线上线下的门店实现交易转化。

对汽车、家居等长决策链路行业来说，更长的售前决策和售后服务周期，让企业微信、社群等私域触点成为品牌维护消费者关系、加深消费者信任的关键，以及推进线下成交和提供长周期服务的公域私域贯通枢纽。

在全域经营模式下，企业需要认识到，私域经营并不只是简单地加好友、建群拉人再群发信息，而是要通过精细化的运营体系和管理工具形成有效私域，将消费者真正变为品牌确定的、可持续增长的资产，这是企业实现自主经营的关键。

微信是企业实现全域经营的主阵地

线上线下和公域私域的整合，需要有开放的、自主交易的平台来承载。北京大学光华管理学院与腾讯社会研究中心在 2022 年 11 月联合发布的《全域经营：新商业环境下零售企业价值创新与增长路径》报告显示，微信是企业私域运营的主要阵地。在微信生态里，不同私域渠道的渗透率由高到低分别为：公众号（100%）、小程序（96%）、视频号（94%）、企业微信（85%）、社群（49%）、个人微信（43%）。企业微信、公众号和视频号的私域运营工具使用率均超过 85%，小程序商城和广告投放平台的私域运营工具使用率分别为 64% 和 57%。如前文所述，私域作为全域经营的基石，私域阵地的选择对于全域经营为企业带来有效增长至关重要。

通过行业调研可以看到，具有"去中心化"特征和海量用户的微信平台，已经成为企业以私域运营为基石实现全域增长的必选之地。它的特征和优势很明显，具体如下。

第一，企业拥有很大的自由度。 企业可以根据自身的经营特质，包括经营惯性、业务模式、组织能力等，自定义地组合各种微信组件。

举例来看，如果是一家线下的服饰商家，顾客进店之后可以添加导购的微信，通过和导购的连接，进一步产生和企业的连接。如果换到超市场景，顾客通过扫小程序码结账之后，就可以通过小程序和超市保持连接。

还有一些线上原生品牌，除了可以通过线上平台做推广，比如电商平台、直播平台等，还可以通过线上口碑分享、好友推荐做推广，而这种推广方式需要通过人与人之间的连接来完成，很适合在微信场景里进行。

可以看到，无论哪一种连接方式，都没有被定义为中心化的触达，不同的业态可以把不同的组件当作自身的触点和组织的延展，来自定义数字化的方向。随着微信生态中视频号直播、企业微信客服、小程序商城、视频号小店等支持商业化和交易的原子化组件不断完善，微信作为品牌全域经营核心阵地，其生态的开放连接能力也越发凸显。

第二，企业拥有自己的交易场域。微信去中心化的社交流量强化了企业与私域用户的连接，品牌能够与消费者建立更为紧密的、个性化的关系。企业可以直接触达用户，用户资产也会沉淀到企业自有的场域里。当用户想要回访的时候，找到的是企业本身，而不是企业所寄生的交易场域。

对以货品和内容为核心的平台来说，用户黏性是其天然的短板。由于企业与这类平台用户的关系基于交易形成，用户在中心化平台私域体系中的活跃度明显不足。这导致企业很难通过中心化平台的群和消息等实现对用户（消费者）的低成本有效触达，依然需要不断投放广告，才能获取看似已经成为私域资产的消费者。

高黏性的关系连接是建立私域的前提。它能让企业通过私域工具实现公域流量和私域流量的有效区隔，真正拥有归属于企业的用户资产。比如，消费者在公众号、企业微信、社群、视频号等私域用户池中，黏性与活跃度都更高，企业可以重复、低成本甚至免费触达消费者，进而实现转化和提升复购率。

另外，在中心化的交易场域里，企业并不能完全定义自己的经营方式，经营方式其实是被场域定义的。比如说，在直播的场景里，企业需要用更高的性价比激发用户当下的购物冲动，这当然会带来增量，但并不是所有的企业、所有的商品都适用这样的经营方式。所以，企业需要拥有更多元的交易方式，自定义属于自己的交易场域，不是被分配流量，而是拥有独立的空间和规则。

第三，去中心化的交易场域提高了企业组织建制的运转效率。企业已经有了门店，有了导购，有了触点，那这些环节的效率如何提升？生产力如何提高？在去中心化的交易场域里，这些可以通过各种组件的组合来实现。

业内的一个普遍反馈是包含小程序商城、视频号小店等在内的私域门店，往往是企业利润最高的渠道。因为在私域，企业不需要特意做特价品活动，也不需要迎合平台做季节性的促销让利活动，更不需要额外备货以满足促销周期的需求。减少诸如上述会产生经营成本和费用的行为，能够提升企业的利润空间。

在去中心化的交易场域，企业可以按照自己的节奏、自己的特质、自己本来的模式开展经营，从而更好地控制企业的利润率。

第 2 章

重新理解私域

正如第 1 章所述，全域经营不是全新的概念，而是商业本质的回归和绽放新生。在全域经营新周期，我们需要重新理解私域，与时俱进，及时调整运营策略，真正发挥其价值。

众多企业在私域的耕耘和积累，加速了以私域为核心的用户行为习惯和生态体系的形成，为全域经营打下了扎实的根基。但是在外部市场不稳定性增强的大背景下，尤其是在经济下行周期中，企业希望持续降低运营成本，发掘内生增长动力的诉求日益强烈，进一步发展私域的需求也日益凸显。进一步发展私域面临三大核心问题：新的私域用户从哪里来？私域如何反哺全盘生意？私域运营效率如何提升？

为了更好地回答这些问题，领先企业对私域运营进行了更深入的探索，开启了从私域经营转向全域经营的新阶段。

全域经营新周期，私域发展的三大特征

在全域经营新周期，从许多领先企业的探索中，我们总结出了私域发展呈现出的三大特征。

特征一：公域与私域形成反哺

在私域发展早期，数字化基建相对薄弱，企业对私域的运营也停留在相对初级的阶段，私域多被视为公域生态之外的独立流量闭环，不少企业通过公域投放为私域引流，实现用户增长及销售转化，鲜有私域对公域的反哺，公域和私域之间没有形成良好的联动。

随着腾讯全域生态的持续完善，更多内容场景和社交场景成为企业可借助的引流渠道，包括依托于视频号生态的短视频、直播、原生广告等内容场景，依托于微信生态的搜一搜、看一看等社交场景，助力企业实现公域与私域的进一步联动与反哺，为企业冲破私域发展瓶颈、扩大生意规模提供了更大的想象空间。企业可以从自身的生意诉求出发，选择不同的公域场景，定制营销链路，驱动品牌力长线提升。腾讯广告也通过升级行业解决方案，支持企业更好地管理微信生态内的私域运营。数据显示，越来越多的品牌及商家通过将小程序作为朋友圈广告的落地页，实现了销售转化率和收入的提升，广告主也越来越认可公众号广告获取销售线索的能力。

借助腾讯的数字化工具，品牌可以更高效、智能地经营和管理在腾讯全域内的生意，基于私域获得更立体的用户洞察，反哺公域投放，驱动更精准的引流，构建起"公域引流—私域沉淀—反哺投放"的正向循环。

以李宁为例，李宁将小程序商城定位为全渠道品牌官网，把新款、IP款、限量款等商品放在小程序商城首发，线下商品的发售抽签也通过小程序完成，以丰富的内容和商品吸引核心用户群体。李宁与腾讯广告合作，通过商品广告投放"以货找人"，从朋友圈、公众号等多个入口为小程序商城引流。商品广告支持用户点击商品一键购买，用户购买后，李宁还会进一步引导用户关注其公众号。

通过"先直购，后加粉"的策略，李宁筛选出对品牌更有价值的实际购买人群，再通过公众号运营将其发展成为忠实用户。与此同时，李宁还借助腾讯的智慧零售解决方案，搭建"数智大脑"，对私域用户进行有效识别和洞察提炼，进一步实现用户的全域高效触达，带动经营效率极大提升。截至 2022 年 5 月，李宁官方小程序用户已突破 2000 万，而这个数字仍然在稳健增长。

此外，品牌还可以利用包括腾讯游戏、腾讯视频、QQ 音乐在内的腾讯强大 IP 资源，通过创新的公域私域联动玩法，实现公域流量的高效导入和交易闭环。

特征二：线上与线下进一步打通

过去，对以线下实体经营为主的企业来说，私域更多被视作线下经营的工具，而随着消费者线上化趋势的不断发展，线上渠道的重要性持续提升，这促进了线上渠道与线下渠道加速融合。

现在，越来越多的企业致力于推动"线上线下融合"（Online Merge Offline，OMO）的全渠道快速发展，充分打通线上线下，给消费者创造一致的消费体验。通过充分发挥私域作为高效连接器的作用，无缝连接线上平台和线下门店，助力企业打造全域全时的无差别消费、服务场景。

借助腾讯智慧零售提供的数字化工具及解决方案，安踏在 2022 年 3

月进行了一次 OMO 全渠道联动的玩法试点——当消费者在线下购物结账时，安踏收银台的外屏会显示商品信息和付款"葵花码"，消费者扫码即可在小程序上进行支付。在支付页面，安踏推出了充值卡业务，消费者可以直接付款，也可以充值享优惠，而这张充值卡，后续在安踏小程序商城和门店也可以使用。由此，不但线下客流的消费行为能够有效地沉淀为企业的数字资产，而且充值卡的玩法也能大幅拉动消费者的复购率。

这样的探索还发生在服饰、美妆、母婴等行业，这些行业注重线下体验，依赖导购服务，导购在其生意模式中占有重要地位，他们不但是直接影响线下售卖的门面，更是企业应对消费者线上化趋势、延展销售和服务场景的窗口。腾讯智慧零售联合行业品牌，以"导购大赛"的形式，通过"奖金激励 + 定制咨询 + 解决方案"的组合拳，从组织协调、导购赋能激励、产品能力部署、运营方案执行等多维度，全面助力导购数字化能力升级，进而帮助企业构建更完善的全域经营阵地。截至 2022 年底，已有包括巴黎欧莱雅、丝芙兰、百利商业在内的多家知名企业加入到导购大赛活动中。

以屈臣氏为例，通过对线下导购的数字化赋能，屈臣氏大大提升了线下门店的私域引流能力。2022 年，导购通过企业微信连接了超过 4300 万名消费者，将定制化内容、生日福利、会员活动等第一时间传递给消费者，并引导消费者到小程序商城或线下门店消费，其中 48% 的消费者咨询导购（美容顾问）后产生了购买行为。添加了企业微信的消费者的消费金额是同期未添加企业微信的消费者的 3.8 倍，消费频率是同期未添加企业微信的消费者的 3 倍。

特征三：品牌与渠道开始联合

过去，不同企业的私域生态各自为战，鲜见不同私域之间跨界互联。

随着私域基建的进一步完善，企业对私域的认知也得到了进一步延展。企业希望能够突破更多限制，提高流量渠道的使用效率，全面拓展品牌的交易场景，提升交易效率。

因而，在整个行业内或生态内，私域互通、联域合作成为趋势。企业通过异业合作、联合造节、共享数字化工具、门店联合直播等方式，互为公域与私域，进行私域用户的共同运营，实现渠道效率提升和品牌升级双赢。

作为鞋服行业的先锋标杆企业，百丽时尚自 2021 年开始全面联动天虹、王府井等头部百货商场探索联域合作，率先突破私域边界。以门店直播为例，品牌通过与百货商场公域私域联动，延伸门店服务，改变了以往特款特价、高退货率、低服务质量的直播现状，深化客户运营，提高服务品质。而百货商场则通过与品牌公域私域联动，提供丰富的门店货品、贴心的离店服务、跨品类权益的触达、精准的内容种草推送，实现了深度服务与资源共享，让客源持续回归商场。

为全域经营提效，私域运营须关注三大变化

私域已步入全新的发展阶段，不再仅仅是转化变现的销售渠道，而是企业全域经营的基石。通过私域沉淀品牌数字资产，借助数字化工具进行用户洞察和数据分析，实现精细化运营和自动化营销触达，助力企业提升全域经营效率，反哺全盘生意增长，这是一套已经得到验证的高效增长方法论。要想运用这套方法论，为全域经营提效，企业的私域运营需关注运营思维、组织架构和技术能力三方面的变化。

运营思维的进化：关注用户价值最大化

随着用户关注私域、使用私域的习惯逐渐形成，用户获取信息并完成

消费决策的渠道和路径得到了进一步改变。现在，用户获取信息的渠道全面增加，其注意力不会长时间地停留在某个特定场景中，而是在全域场景中持续流动。这意味着，过往依赖单点引流驱动短期爆发式增长的电商思维和流量思维正在逐渐失效。

相对应的，企业需要建立以消费者为中心的运营思维：通过有效的公域私域联动进行智慧运营，从而实现用户价值的最大化。

组织架构的升级：搭建专业的私域团队

如今，私域运营的复杂性连续倍增。成功的私域运营不但要接轨企业的核心增长战略，还要关注线上线下不同部门的协同效率和执行能力。一人多职的"草台班子"已经不能满足当下的私域运营需求。企业需要贴合自身生意模式，搭建专业化、规模化的私域团队。

基于多年来与企业一同在一线打拼的实践经验，腾讯智慧零售于 2022 年推出了"智慧零售私域人才认证计划"，针对小程序商城运营、用户运营及数字导购三大热门领域，提供系统性培训课程，帮助行业有效解决人才缺口问题，助力企业持续提升私域运营能力。

技术能力的跃迁：重视私域数字资产的应用

企业在强调精耕细作的全域经营新周期，想要为用户提供优质的"全域体验"，离不开技术能力的进步。一方面，线上服务能力的稳定性和安全性需要相应的技术保障；另一方面，随着私域规模的扩大和运营活动的增加，企业需要搭建"数智大脑"，实现对品牌数字资产的高效管理，从而深刻洞察用户诉求，探索增长机遇。

　　企业应重点关注对私域用户进行有效识别与洞察，因为根据客群画像及商品特征，不仅可以在小程序商城私域内提供个性化搜索推荐服务，实现流量的有效分发，提升交易转化率，而且能提升企业公域的投放与引流效率，甚至进一步推动商品研发、渠道布局等生产流程优化，真正发挥数字资产的巨大价值。

　　在全域经营新周期，商业模式正在面临巨大的变革。私域作为全域经营的基石，将持续为商家的增长提供核心动能。重新理解私域，能够更准确地理解全域经营的增长逻辑，并进一步从私域底层出发，找到驱动全域经营增长的关键解法。

| 第 3 章 |

全域经营模式下的关键动作

企业对任何新的经营理念的贯彻都不是一件简单的事情，需要一系列的能力和准备，全域经营更是如此。作为应对当下商业格局与消费趋势变化的有效方式，全域经营要求企业打破渠道与空间的限制，从上至下各个部门协同合力、全情投入，全面连接并整合经营资源。这不但考验企业数字化基建的扎实程度，也对企业的宏观战略和组织架构提出了更高的要求。

腾讯基于与不同行业赛道企业的共同实践探索，总结出企业布局全域经营在战略、技术和运营层面的三大关键动作。

战略层面：评估和诊断全域生意布局，全面梳理和重构业务。

技术层面：加大对技术基座的投入，完善全域数字化产品建设。

运营层面：持续有序地推进全域营销、运营策略的有效落地。

战略层面：评估和诊断全域生意布局，全面梳理和重构业务

企业重视全域经营，不但是战略层面的革新，更是对生意本质的坚守。企业应基于对全域生意布局的评估和诊断，对业务进行全面梳理和重构，建立起全域经营思维驱动的业务全景图，这是首要的一步。

具体来说，品牌及商家需要重点关注以下几个方面的战略升级。

重构消费者旅程

为消费者创造价值是企业增长的重要来源。当下，消费者行为呈现出新的特征，包括偏好个性化、消费体验重于商品拥有、社交需求强烈等。全域经营作为应对消费者变化的中心理念，尤其需要关注消费者的消费体验。

全面的消费者体验，需要涵盖购买前、购买中、购买后三个部分，囊括从获客、转化到服务的全链路。同样，企业对消费者体验的管理也需要涵盖链路中的所有行为：购买前，消费者的搜索、认知、考虑；购买中，消费者的选择、下单、支付；购买后，消费者的使用、享受到的售后服务、评价以及复购等。

本质上，商品只是价值创造的载体，数字化强化了品牌与消费者的立体连接，让新业务模式成为可能。企业可以通过消费者旅程的重构，借助数字化重构企业与消费者的关系，实现服务模式或营销模式的创新突破。

以某新消费咖啡品牌为例，传统咖啡品牌在营销过程中只关注消费者在选择咖啡前与饮用咖啡过程中的体验，而该品牌则将过去被忽略的饮用后场景也纳入到消费者旅程中，推出回收再利用主题的用户线下交流活

动。每隔半年，品牌会联合线下的知名门店设立回收点，会员可以通过该品牌的小程序预约并在活动期间将咖啡空罐送往线下回收点，还可以在线下兑换各类稀有物资。通过建设小程序，品牌在承载品牌会员体系的同时，还为用户获取品牌信息提供了线上互动场所。线上与线下的联动，让饮用后场景的消费者体验得到了进一步的延伸与补充，帮助品牌与消费者建立了更紧密的关系，使消费者的品牌忠诚度大大提高，同时复购率和用户 LTV（Life Time Value，生命周期总价值）也获得显著提升。

整合全域链路

数字化的深化，改变了传统的单一市场结构，推动了线上线下、多渠道融合的新营销体系的形成。消费者可能在线上、线下的任意触点即时完成转化，他们在不同触点之间的流动方向也更加复杂多变。因此，企业需要重视整合全域链路，通过链路的创新组合为业务提效带来新可能。

某食品饮料品牌的爆款产品是瞄准蓝领人群的高性价比功能性饮料。为了更好地提升消费者黏性，提高渠道商活力，该品牌基于营销二维码与扫码小程序构建起 S2B2C（Supplier to Business to Customer，大供货商—渠道商—顾客）模式，打造了"品牌私域官网 + 渠道私域 + 线下触点"的新链路。消费者在购买商品后，可以扫描瓶盖上的二维码跳转至小程序，参与互动游戏，赢取现金红包或兑奖资格，这些有效提升了消费者黏性与复购意愿；同时，渠道商可以扫描包装箱上的二维码，注册成为渠道商会员，品牌依据渠道商的进货数量、销售数量，提供对应的返现奖励，激发渠道商销售和推广商品的动力。基于全域链路的整合，品牌、消费者与渠道商形成更紧密的共同体，最终成功提升了线下销售转化率，同时实现了私域用户的快速增长。

升级组织建设

在全域经营模式下，零售企业的各个部门都是与消费者发生交互的触点，需要紧密协同，为消费者提供一致的优质服务。这意味着企业需要对原有的工作流程进行再造，以及对不同部门的权责进行重新划分。在这一过程中，如何协调各个部门之间的配合和信息流通，如何统筹全渠道数据管理，都是有待解决的问题。因此，全域经营一定是"一把手"工程，企业需要改变组织惯性，打造更精准高效的经营阵地。

近几年，越来越多的头部快消企业增设了 CDO（Chief Digital Officer，首席数字官）职位和配套组织。CDO 领导下的组织作为中台部门，需要以消费者为中心整合企业的数字资产，管理消费者全生命周期，并充分调动线上线下渠道的特性与优势，为消费者创造优质的购买体验。在大量快消企业的成功案例中，CDO 及其领导的组织都发挥了重要作用。可以说，随着数字化进程的持续推进，CDO 及其领导的组织将成为零售企业不可或缺的一部分，他们将主导未来企业的全域经营战略，即通过流量分发助力各品牌线上营销，通过全链路的消费者旅程设计助力渠道增长，还可以通过与 IT 部门紧密协作，以数据支撑营销创新，最终为企业的增长提供强大动能。

为了更好地帮助企业梳理业务，重构全域经营战略，腾讯智慧零售总结了其深度服务的 10 多条零售核心赛道与 600 多家零售企业的一线实战经验，推出"四力 PLUS"智慧零售增长平台，为企业提供模块化咨询（见图 3-1）。此外，还提供流量、培训、市场、行业竞赛等会员权益和资源，这些都会进一步助力企业实现全域转型。针对企业普遍面临的人才紧缺难题，腾讯智慧零售学堂联合多家服务商，通过体系化的课程培训和人才认证，持续为行业输送优质、专业的全域经营人才。

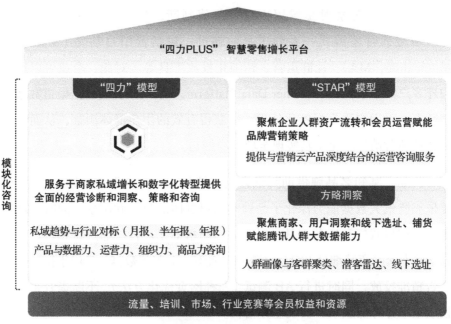

图 3-1　腾讯全域生意诊断与模块化咨询

技术层面：加大对技术基座的投入，完善全域数字化产品建设

企业要想建构数字时代的全域经营版图，打造数字化产品能力是至关重要的一环。具体而言，企业需要重点关注以下几方面的数字技术。

业务增长：实现用户识别、用户洞察、用户触达

用户行为的线上化趋势，使企业的数字资产在近几年中快速增长。要想获取跨平台、多场景的用户洞察，企业首先需要将不同渠道的数据进行匹配、连接，构建唯一的用户识别码。除此之外，不同渠道的系统和数据制式的兼容，变量之间的去重、覆盖、补充，以及数据的实时传递、交换等，都是需要解决的技术问题。

基于数据洞察对私域用户进行价值判断，是私域运营的基石。同时，私域运营还需要一系列工具的辅助，包括营销自动化（Marketing Automation，MA）、社群运营、精细化投放工具等。对此，企业可以通过构建客户数据平台（Customer Data Platform，CDP），在整合全渠道数据的基础上，对用户进行标签化处理，以获得有效的用户群体洞察，从而便于后续借助营销自动化工具实现全域用户触达。

例如，某知名品牌借助腾讯企点营销整合了其全渠道的第一方数据，并依靠腾讯大数据能力深化了品牌对用户群体的分析和洞察，同时还对接了多种广告营销和运营工具，以数据驱动精细化运营。通过将私域运营数据（如小程序商城细分 SKU⊖的浏览、加购、下单等数据）应用于指导公域广告精准投放，同时进行 AB 测试（一种网页优化方法），不断提升企业的投放效率并降低成本，实现业务增长。

渠道提效：大数据赋能门店选址与门店布局优化

从人工选址到数字化选址，是各行业线下开店的共同趋势。基于腾讯大数据分析和建模，企业可以获得与更全面的生意视角及门店布局相关的有价值的参考，进而提升渠道效能。某连锁啤酒品牌以线下专营店为主要渠道，通过与腾讯合作搭建了智能选址平台，结合地图大数据，基于消费群体的地理位置偏好构建潜在客户画像和门店销量预测模型，在全国数百个城市进行门店选址规划，最终推动"千城万店"落地。

像食品、饮料、酒水这些重分销渠道的行业，线下渠道占比大，普遍面临线下门店更迭快的痛点。如何实现门店的有效识别，圈定潜在客户，提升铺货效率，是品牌长期关注的问题。在腾讯企点营销 - 优码的助力下，

⊖ SKU，即 Stock Keeping Unit 的缩写，指库存量单位。

某饮料企业待开发门店准确率从 50%～60% 提升至 83%，2021 年实现净利润增长 36%。

协同降本：连接内部、连接消费者、连接生态

随着零售企业规模的扩张，消费者、商品、渠道的复杂性也持续倍增，数字资源分布不均，数据分散割裂，这让企业保持对成本和效率的控制变得越发困难。而数字技术的应用，为企业的降本增效开辟了全新思路。以智能系统连接企业内部、消费者和零售生态，能够有效打破过去由人工主导、依赖线下渠道的运营方式在效率和准确性上的局限，助力企业实现经营的协同降本。

以某家居家装行业品牌为例，该品牌借助数字化手段，全方位提升了企业的经营效率。首先，将前端的销售数据与后端的生产数据打通，让数据准确流转至工厂设备，减少人工处理；其次，通过接入企业微信，加之线上导购的跟进，有效满足了不同消费者个性化的家居装修需求；最后，品牌发挥数字技术的连接价值，将销售人员回复速度、给出方案的时长、安装时间等覆盖前后端的零散数据进行整合，形成了一套评估服务能力的指标体系。在数字化能力的加持下，该品牌全方位解决了生产、服务、合作环节的生意痛点，实现年营收突破百亿元大关。

交易保障：关注私域交易的稳定性与安全性

正如上文所强调的，全域经营是以私域为基石、以消费者为中心的生意经营模式。而随着私域的发展，用户体量和交易频次不断增加，这对小程序交易的稳定性和安全性提出了更高的要求。尤其是在高并发活动流量

峰值的支撑和保障方面，比如在进行新品预售、年度大促等大型活动时，私域技术必须能够确保活动安全、流畅地落地。

国内某运动品牌为了应对私域用户量激增带来的高并发访问问题，引入了腾讯企点营销 - 云 Mall 对小程序进行升级。借助交易中台，品牌实现了对全渠道官网商城的重构，提升了高并发场景下的访问效率与支付成功率，并支持多样化的营销玩法。在某场预售活动中，云 Mall 助力该品牌拦截了 4491 万次恶意请求；在某场尖货发售活动中，交易并发为日常的56 倍，品牌小程序依然能够保障用户拥有良好的购物体验。

为了助力商家夯实技术基座，腾讯智慧零售整合腾讯内外部资源，依托腾讯云强大的产品矩阵和生态力量，为企业灵活打造端到端的全域数字化解决方案（产品），涵盖营销域、交易域、协同域、技术域，帮助企业真正实现智慧协同、降本增效（见图 3-2）。例如，腾讯在云直播、实时音视频等方面有非常深厚的技术沉淀，在某品牌活动中，支撑系统扛住了每秒海量的并发考验，帮助该品牌单场直播 GMV 提升到亿元级水平。不仅如此，腾讯微信小程序的原生构建能力、安全精准打击"羊毛党"的能力，都在为客户的每一笔交易、每一分预算保驾护航。

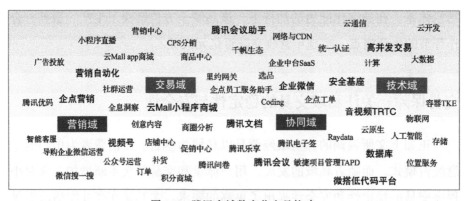

图 3-2　腾讯全域数字化产品构建

运营层面：持续有序地推进全域营销、运营策略的有效落地

如果说战略是大脑，技术是骨架，那么运营能力就是全域经营的肌肉。企业有了足够强的运营能力，才能真正地贯彻落实全域经营战略，充分发挥全域经营生态中触点和链路的价值，激发企业的生意活力，加速企业成长。

具体来说，企业需要重点关注以下几个方面的运营能力。

全渠道会员的精细化运营

企业需要通过对全渠道会员的精细化运营，满足新一代消费者对消费体验的追求。通过长期陪伴拉近品牌与消费者的关系，建立与消费者的沟通渠道，优化服务质量，从而持续激发消费者的消费意愿，挖掘消费者的全生命周期价值。

屈臣氏为了给消费者创造更好的消费体验，通过与腾讯智慧零售合作，将传统的 O2O（Online to Offline，线上到线下）模式升级为 OMO 模式。升级后，该品牌线上线下渠道之间不再是单纯的导流转化，而是通过渠道场域的叠加和精细化的运营，实现了融合，为消费者创造了线上线下无缝融合的服务体验。消费者可以在小程序商城下单，然后到门店提货，也可以在家享受 30 分钟内送货上门服务，还能预约门店美妆、SPA、肌肤测试等服务。同时，该品牌还通过企业微信，向消费者提供定制化的内容服务、生日福利和会员活动等信息，并通过丰富的社交玩法，持续激活品牌与消费者之间的互动。最终，该品牌的精细化运营大获成功：添加该品牌企业微信的消费者，其消费金额是普通消费者的 3.8 倍，消费频率是普通消费者的 3 倍。

导购数字化

数字化时代的导购，依然是消费者与企业之间最有温度的触点。在数

字化能力的加持下，导购与消费者的连接场景得以极大延展，不但让线上与线下渠道形成高效互补，而且突破了营业的时空限制，带来了更多增长机会。

某母婴品牌通过与腾讯智慧零售合作，发起"企业微信员工竞赛"活动。该品牌通过对导购团队进行有效动员、激励和多维度培训，提高了其数字化营销能力，同时进一步通过布局企业微信完善私域基建，顺利完成了私域用户从员工个人微信向企业微信的大规模迁移。迁移完成后，该品牌实现了企业微信、品牌小程序、公众号、品牌 app、CRM（Customer Relationship Management，用户关系管理）系统的整合，导购团队可以获取品牌层面的标签化用户洞察。借助企业微信提供的私域运营工具，该品牌将用户标签应用于日常的精细化用户运营，不但提升了服务质量，而且促进了交易转化。

公域私域高效联动

公域私域联动有两个优势：一是能够持续扩大企业的私域用户池；二是基于对私域用户的洞察，可以更好地提升企业公域引流的获客质量，促进全域经营提效。

然而，品牌的营销诉求千差万别，有的希望通过公域引流实现小程序内的交易达成，有的希望进一步将公域流量导向企业微信推动私域运营，也有的希望通过线上获客提高线下门店的客流量……腾讯广告结合多年在多行业深耕的经验，基于不同的营销目标，梳理了多条营销链路，并针对链路上的不同环节提供多种数字化营销工具，为品牌提供了公域私域场景联动模型（见图3-3）。品牌可以结合自身生意目标，选择适配链路，通过一条或多条营销链路的组合，达成营销目的。

为了帮助企业强化全域经营能力，腾讯智慧零售推出了全域营销运营落地陪跑计划（见图3-4），与零售企业和一线从业者共同成长进步。在流量和渠道合作层面，腾讯智慧零售撬动腾讯生态资源优势助力公域私域联动，与腾讯广告深入联动，助力零售企业高效私域拉新。此外，企业还可以根据自身情况，通过企业微信、小程序、数字导购、社群、门店等线上线下触点及工具的整合，助力全渠道运营。

图 3-3　腾讯公域私域场景联动模型

图 3-4　腾讯智慧零售全域营销运营落地陪跑计划

在数字化时代，商业世界正在以前所未有的方式和速度急剧变化，然而，外在环境的激变并不会改变商业增长的本质。坚持全域经营，用辩证、动态的视角理解当下的商业世界，积极拥抱数字化变革，探索实践全域经营的新思路，才是企业在时代变局下的坚守之道。

实践篇

第 4 章

鞋服配饰行业的全域经营打法与案例

鞋服配饰行业的发展趋势

鞋服配饰作为非刚需品类，和居民的收入水平强相关，同时也受行业大周期波动的影响。根据国家统计局数据，2021 年服装、鞋帽、针织纺织品类商品零售总额仍未突破 2017 年的 14 577 亿元，且 2022 年 1～10 月服装、鞋帽、针织纺织品类商品零售总额同比呈负增长（-4.4%），这基本说明鞋服配饰行业已进入了存量经济时代。

从消费者的角度来看，鞋服配饰行业面临着新的变化：一是消费者面对的信息量越来越大，喜新厌旧的速度也在加快，导致产品的生命周期在变短；二是除了基本的功能性消费外，消费者更加追求设计理念、产品细节、品牌文化与精神等非显著性的消费；三是随着"他"经济时代的来临，男性消费理念持续升级，带来了新的消费商机。

面对市场的不确定性与新变化，鞋服配饰行业正在努力改变增长路径。近几年来，我们可以看到，发展私域逐渐成为业内品牌的"必选项"，且由于鞋服配饰行业具备高复购、高忠诚度、高分享、高受众精准度、高频上新的五大特点，与私域天然适配，使私域发展快速跨越了摸索期、基建期，步入高速发展期，并取得了显著的效果。

据腾讯智慧零售统计，2021 年服饰时尚领域合作商家私域 GMV 增速超过 90%，2022 年上半年服饰行业合作商家私域 GMV 同比增长超 30%（见图 4-1）。鞋服配饰企业通过小程序商城、官方导购、超级社群等私域业态组合矩阵，实现渠道整合。如今已有众多鞋服配饰企业私域用户数突破千万：李宁官方旗舰店小程序用户数突破 2000 万；影儿时尚集团多品牌共享粉丝数量超千万；百丽时尚私域用户突破千万；波司登在企业微信上积累了逾 1200 万名顾客；优衣库在中国大陆地区通过 800 多家门店多渠道触达用户，已经积累了超过 2 亿名线上粉丝。

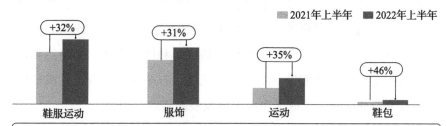

图 4-1　腾讯智慧零售合作的鞋服配饰行业企业私域 GMV 同比增长情况

数据来源：腾讯有数。

如今，鞋服配饰行业的私域发展已进入深水区，这对私域运营提出了更高的目标和更大的挑战，品牌及商家纷纷发力以私域为基石、以消费者为中心的全域经营。

鞋服配饰行业全域经营的痛点

虽然鞋服配饰行业私域运营起步早、玩法多，但在迈向全域经营的过程中，仍面临以下几个痛点。

痛点一：如何挖掘会员的全生命周期价值

如今，消费者在鞋服配饰上的购买决策，已经不仅仅基于材质用料、价格、促销等因素，而是扩展至基于个人价值体现和情感需求。同时，很多企业也发现，前期会员由线下转到线上，由公域沉淀至私域后，其复购率仍较低，如何持续提升会员的活跃度和复购率，挖掘会员的全生命周期价值成为行业痛点之一。

痛点二：如何基于私域挖掘业务的创新增长

在鞋服配饰行业的私域发展经过起步期和优化期后，不少企业已经拥有了较为稳定的私域用户池，并取得了阶段性的成绩。但与此同时，其私域运营也达到了一个临界点，需要用新的工具和创新方法，去找到私域流量中新的掘金空间。如何进一步实现系统性、有序化的运营，完成私域的进化，找到新的增量，就成了企业私域发展面临的新问题。

痛点三：如何实现数字化基建的"降本"

当鞋服配饰企业的私域业务拓展达到一定量级后，在数字化基建等方面的投入也会相应增加，而面对复杂的外部环境，企业探讨的新方向是如何在迈向全域经营新模式的同时，实现数字化基建方面的"降本"。如何通过云服务，结合业务需求，实现系统的弹性和扩展，进而实现更优的成本管理，成为企业关注的核心方向。

痛点四：如何满足专业人才供给

在全域经营模式下，企业对私域运营从业人员的要求不断提高，职能划分也更加精细，包含内容运营、用户运营、小程序运营、数据分析等。鞋服配饰企业在私域升级、迈向全域经营的过程中，对人才也提出了新的要求。要构建符合企业自身发展的私域组织架构及人才能力矩阵，企业就要招聘或培养专业、能干的对口人才。

鞋服配饰行业全域经营的两大抓手

整体而言，头部鞋服配饰企业在私域建设上已经有了比较好的基础，线上线下业态也初步实现了互融互通，但是还需进一步通过不同私域用户池之间的打通、公域私域的高效联动及反哺，发挥私域的价值，实现消费者全生命周期的有效激活，促进全域增长，这也是鞋服配饰企业的核心诉求。

下文我们将从鞋服配饰行业的特点出发，结合近几年腾讯智慧零售与头部企业合作的经验，总结鞋服配饰企业可参考的全域经营的两大抓手。

抓手一：以私域为基石，用创新驱动全域增长

私域是全域经营的基石，鞋服配饰企业应基于已有的私域基建能力，不断打破边界，进一步推动线上与线下打通、品牌与渠道联合及公域与私域联营三方面的升级，推动企业实现长效发展。

线上与线下打通

为顺应消费环境数字化带来的消费习惯和消费方式的改变，大部分鞋服配饰企业已经实现了门店从线下到线上的延伸，并进一步打通了线上

与线下的界限。在全域经营新阶段，鞋服配饰企业应加强以消费者为中心的理念，以门店为载体，继续整合线上线下全渠道资源，为消费者带来便捷、无缝的消费体验，同时给自身带来用户沉淀和复购率提升等红利。其中可以重点关注以下两种方式。

▶ 充值卡线上线下通用

曾经，许多鞋服配饰企业的会员卡只能在线下消费时使用，会员服务也侧重线下。如今，企业应实现会员体系的线上线下互通，让消费者不管是在线上商城购买，还是在任意门店购买，都可享受同样的会员权益。如线下的充值卡充值后可以在线上商城使用，线上也可以给线下的充值卡充值，通过这种形式实现线上线下互通可最大限度地提高产品的动销率和周转率。

以安踏为例，消费者在线下门店购物结账，可选择通过扫描收银台外屏显示的付款太阳码在小程序上进行支付。在支付页面，消费者还可直接付款购买充值卡，享受优惠减免，而该充值卡后续也可在小程序商城和门店使用。作为全域经营的创新举措，安踏此举全面打通了线上线下，不但为消费者带来了便捷的消费体验，也成功沉淀了用户资产。

▶ 搭建视频号门店直播矩阵

视频号作为微信生态内的"原子化组件"，可以被嵌入或分享到公众号、企业微信、社群、朋友圈、小程序等各个触点，连接微信生态内的不同私域用户池，更有助于打通线上与线下的生意模式。很多鞋服配饰企业本身有大量的门店和经销商，在线上也积累了一定的私域用户，可以通过搭建视频号门店直播矩阵，盘活门店已有的私域用户，从而打造企业的长效经营阵地。

如服饰品牌歌莉娅选择以"品牌官方账号 + 地区门店自营账号"的方式，搭建视频号直播矩阵。其中，品牌官方账号每天 3 场直播，每场 4～6小时；地区门店自营账号则延续了歌莉娅线下大区管控的优势，由各区域自行运营，直播场次及时间都不固定。歌莉娅利用导购对爆款好货的敏感度、对各地区实时气候情况的掌握度等优势，更加精准地向用户传递货品信息，同时给用户提供充分的搭配建议。导购会充分利用朋友圈或社群等触点，提醒门店的私域用户进行直播预约或观看，从而提高私域用户活跃度和转化率。这些忠诚的私域用户还能进一步撬动微信生态内的公域流量，为品牌带来更多优质客户。此外，借助视频号基于地理位置的推荐功能，品牌还能获取更多精准的公域流量。歌莉娅通过视频号这个新阵地，赋能线下门店，成功盘活了整个微信生态公域私域流量。目前，歌莉娅在视频号直播的月流水已经稳定在千万元，且该数字仍在持续增长。

需要注意的是，品牌在搭建视频号门店直播矩阵时，一方面需要注重升级现有门店导购的能力，将他们培养成适合出镜讲解的主播；另一方面则需要搭建以培训为核心的内容中台，为直播团队提供系统化的专业培训，实现品牌整体规模化的提效。

品牌与渠道联合

鞋服配饰行业天然更注重线下体验，与购物中心、百货商场等渠道是唇齿相依的关系。企业门店可以联合购物中心、百货商场，通过私域互通、共享数字化工具、联合直播等形式进行联域合作。在联域合作中，品牌和商场互为公域与私域，共同进行消费者的运营，并利用优质内容促进消费者与品牌互动，通过新场景搭建、新模式挖掘，完成从存量到增量的迈进，实现渠道效率升级和品牌资产升级双赢。

百丽时尚就曾全面联动天虹、王府井等头部百货商场共同探索联域合作，率先突破私域边界。百丽时尚研发团队借助技术工具打通了线上平台与线下 POS（Point of Sale，销售终端）的结算系统，让相关地区的线上平台销售数据也能纳入商场终端门店销售体系，从而不影响门店在商场的积分排名，这也为私域与商场进一步的业态融合奠定了基础。通过几百场与百货商场的联域共营活动，百丽时尚沉淀了数万名新会员，销售额同期增长超 200%。

公域与私域联营

随着私域业态逐步壮大，一些头部品牌的私域规模开始反超公域，但与此同时也面临着增长瓶颈。鞋服配饰企业可以打通公域私域触点，为品牌高效导入公域流量。

以腾讯云选联盟为例，云选联盟与行业头部社交分销机构和电商导购机构合作，瞄准公域流量与品牌之间的巨大撮合需求与空间，通过提升撮合效率，让流量最大限度地发挥价值，助力品牌实现在腾讯生态的一站式经营。截至 2022 年，云选联盟已接入了 1000 多个头部品牌、近 200 条流量渠道，品牌及商家可无缝连接数十家流量方协助自己推广，通过在腾讯体系内的公众号、官方社群等，以及腾讯生态外部传统意义上的渠道分发内容，最终将流量引导到品牌及商家自有小程序完成成交。由于分销过程在微信体系内闭环完成，无须跳转至外部，整个生意流程简单且丝滑。通过连接商品和流量，云选联盟已打造出带货金额超千万元的商家和百万级销量爆品。

抓手二：以数智大脑为支撑，实现消费者全生命周期精细化运营

在以消费者为中心的全域经营时代，企业必须实时感知和洞察消费者的需求及其变化，才能满足消费者场景化、碎片化、个性化、实时化等多

样化的需求。因此，对企业而言，运用数字化工具，通过消费者洞察和数字资产沉淀，实现消费者全生命周期的精细化运营便变得至关重要。

具体而言，企业需要打通线下门店、线上商城、小程序商城等全渠道的会员数据，运用 CDP 等工具，对不同场景的消费者数据进行采集、清洗、整合及打通，构建灵活的标签体系及用户画像，实现对消费者的精准洞察，进而指导消费者全生命周期精细化运营落地。其中需要重点关注以下三个方面。

建立消费者运营模型

在提升消费者数字化洞察的同时，企业还需要以全渠道消费者资产沉淀与运营为出发点，建立自己的消费者运营标准和运营模型，进行消费者价值的判定，从而实现降低拉新成本、提高长期消费者留存率等目标。

以安奈儿为例，为了加强与会员的互通，安奈儿会按照不同的消费等级进行会员分层运营。在日常经营过程中，安奈儿通过 RFM（Recency，最近一次消费；Frequency，消费频率；Monetary，消费金额），衡量消费者价值和消费者创利能力的重要工具和手段）模型、会员流失预警模型等，来判断消费者等级并推送和提供相应的内容和会员权益。其中，RFM 模型可用于分析单客状态，判断会员活跃度，就会员近期消费行为进行区分；会员流失预警模型则用于消费者全生命周期的分析，可以预判哪些消费者可能会流失，并对即将流失或已经流失的消费者采取激活和召回手段，从而降低会员流失率，提升会员活跃度和转化率。

数智化深度赋能导购

导购作为鞋服配饰企业线上线下业务的重要参与者，也是与消费者的直接连接者，不仅能连接商品和消费者，还能将品牌文化等理念传递给消费者，实现企业和消费者的双向互动和深度沟通。

企业可以通过企业微信等工具，搭建完整的导购运营工具体系，例如运用素材中心、营销话术、智能标签体系、客户雷达分析等多元化功能，帮助导购对消费者进行分层与精细化运营，通过提供更有深度、更具针对性的服务，提升转化率和复购率。

影儿时尚集团针对会员建立了完备的标签和分组体系，设置了门店导购和总部导购双导购模式，并通过企业微信导购工具等进行会员运营。其中，门店导购主抓既有会员的精细化运营管理工作，总部导购则将工作重心放在沉默型消费者及新增量上。通过相关工具的使用，导购从前端的消费者连接到最后的销售转化，主导实现了全流程对消费者的激活。据了解，导购在影儿时尚集团小程序商城 GMV 中的贡献率达到 80%。

营销自动化工具的应用

营销自动化工具可以基于对消费者的洞察和分析，在消费者生命周期内合适的时间用个性化的内容自动触达消费者，与消费者构建良好的互动关系，在帮助企业减少重复性工作的同时提升运营效率和转化率。如消费者关注公众号后，公众号会自动推送品牌的相关介绍与优惠信息，引导消费者了解和下单。在之后的节日活动中，企业也会通过自动化工具推送个性化信息和专属优惠。

如李宁就引入了腾讯的一体化全域智能营销云产品，通过营销一体化和智能化两大维度的能力升级，进行消费者全生命周期的精细化运营。李宁利用 CDP 和自动化营销工具不断优化对消费者群体的分析洞察，构建具有李宁特色的标签体系，并将这些洞察结果应用于商品广告的决策优化，不断提升营销精准度。例如，部分消费者购买了篮球鞋后，自动化营销工具除了能够识别出这个群体喜欢篮球鞋之外，还会进一步分析他们对篮球鞋的喜爱程度，以及有哪些其他偏好和兴趣。之后的推送就不是只推荐篮球鞋，而是按照消费者的真正偏好进行更多有价值的推荐。

在营销自动化工具的助力下，李宁完成了对消费人群的有效区分，实现了千人千面式的内容和商品推荐；不仅可以在小程序页面展示上做到更加贴合目标客群的喜好，而且可以分人群进行颗粒度更细的用户运营。例如，对不同人群进行针对性的商品推荐、促销、新品预约、"尖货"抽签等。

案例：百丽时尚

案例亮点

2020 年起，百丽时尚（以下简称百丽）以组织变革为抓手，搭建起涵盖不同营销诉求和商业性质的小程序矩阵，全面赋能"品牌＋渠道"双核驱动的数字化战略。基于此，百丽不仅以门店导购为核心，打通线上与线下服务，还率先探索品牌与渠道联域共营，大大激活了私域价值。更为重要的是，百丽从渠道思维转向客户运营思维，全面布局数字化基建，围绕客户数字化，深度服务集团会员，并融合鞋包行业运营场景，以拉新引流、活跃复购、老客召回的全域深度运营，助力集团实现稳健的全域增长。

企业概况

百丽成立于 1992 年，是一家大型时尚及运动产业集团，业务涵盖鞋类、运动和服饰三大类，旗下拥有 BELLE、STACCATO、TATA、73Hours、TEENMIX、BASTO 等十多个鞋履品牌，以及 INITIAL、MOUSSY、SLY 等多个服饰品牌。目前，百丽在中国 300 多个城市拥有超万家自营门店。

2017 年，百丽启动数字化战略转型，基于强大的零售网络和敏捷的供应链能力，以大数据赋能产业链，进行线上线下全渠道拓展融合，为消费者提供更高性价比的产品和服务，并获得业绩增长。

需求痛点

互联网的快速发展使消费者需求发生了巨大的变化，消费者希望获得更加便利的购物体验和更加个性化、高性价比的商品。聚焦消费者需求变化，成为百丽重新调整商业运作模式的主要原因。结合鞋包行业重线下、重体验、低频消费等特点，百丽希望通过数字化基础建设，深入理解消费者需求，提供优质的消费者服务体验，实现全域消费者长效经营。

优秀实践

第一阶段：以组织变革为抓手，加速私域规模扩张

近年来，百丽的数字化转型效果突出。在集团高层的高度重视与全力支持下，百丽已悄然磨砺起私域基石。

▶ 成立多部门联合小组，调动线上线下全员参与

在私域体系的内部建设上，集团成立了多部门联合的战略小组，将其

作为私域运营的核心团队，并组织近万场全员沟通会议，推动私域基建及运营，调动线上线下全员参与，自上而下为私域终端落地做铺垫。

▶重塑集团小程序矩阵，赋能"品牌＋渠道"双核战略

从私域战略定位的顶层设计端着手，集团合力打通组织内利益关系与会员归属关系，由总部统筹赋能，重塑集团小程序矩阵，明确品牌运营策略。同时，与腾讯智慧零售团队展开通力合作，围绕鞋服零售业务场景，搭建起涵盖不同营销诉求和商业性质的小程序矩阵，全面赋能"品牌＋渠道"双核驱动的数字化战略。

截至 2020 财年，百丽整体私域销售规模占比已达行业领先水平，从 0 到 1 建立起了私域护城河。

第二阶段：以消费者为中心，实现多渠道流量一体化运营

▶以门店导购为核心，打通线上与线下服务

百丽的超万家直营门店、数万名一线导购，是成就百丽"渠道之王"的核心力量。各地区运营团队也在坚持不懈地孵化私域工具并应用策略，为终端零售数字化提效。

在鞋服行业销售旺季，百丽不再按传统的方式区分线上和线下，而是以与合作伙伴共同经营的模式，做好消费者在店与离店的服务。通过在聚焦消费者需求的同时提升运营效率，着重深化内容运营模式，百丽带动了鞋服行业从低频交易模式向高频互动模式的变革。

以活动型小程序为例，百丽利用它打通了旗下所有品牌的全域库存与利益关系，进行统一的管理和跨店调配，在小程序上的限时活动期间，由各品牌各地区的导购进行流量分发。这不仅巧妙地打破了鞋服行业以往线

下运营成本高的桎梏，缓解了鞋服行业库存周转的巨大压力，更加深了一线员工与消费者的服务归属关系，以高性价比回馈消费者。

▶ 品牌与渠道联域共营，实现私域价值最大化

从打破组织壁垒、全域深化联动，到门店库存的一体化运营管理，百丽一次次验证了其零售数字化能力。而如何通过私域与全域有效打通，与所有渠道流量平台有效合作，实现私域价值最大化，是百丽坚持探索的方向。

其中，私域与商场"联姻"模式的探索，正是百丽全渠道创新的一次跃进。对于许多鞋服零售品牌，品牌门店与商场的经营策略深度捆绑，通常按商场的流量分发规则进行积分竞榜，商场对销售额高、引流力强的品牌，会提供额外的优惠政策。如何在实现线上业务规模化提效的同时，平衡商场里终端门店的业绩成为共性问题。百丽借助技术工具打通了线上平台与线下 POS 的结算系统，让百丽相关的线上平台销售数据也能算入商场终端门店，成功实现门店与商场的联域共营。

目前，百丽各品牌正在持续上线商场版小程序，智慧零售团队也在商圈洞察、潜在客户分析上给予百丽总部团队相应支持，以共同撬动私域与主流商场的异业联动。

第三阶段：升级消费者数据基建能力，全面迈向全域经营

为货提效、为场赋能，百丽私域的每一步，都是以"重构人、货、场"的方式来挖掘消费者价值增长的有效路径。其中，最为关键的转变是从渠道思维转化为消费者运营思维，去探究消费者的全生命周期价值。如今，百丽已不再区分线上和线下，而是围绕着门店和消费者服务，以在店和离店的思维进行有效运营。

2022 年，百丽以消费者为中心，加速整合公域私域、线上线下各渠道触点，通过内容服务和运营，实现鞋服行业从低频向高频转换，最大化会员的全生命周期价值。同时，不断升级消费者数据基建能力，实现全域消费路径可洞察、可追踪、可运营。通过数字化消费者资产的应用，百丽全面赋能集团品牌力升级，迈向全域经营新阶段。

以全域引流为例，百丽总部项目小组协同品牌和大区团队共同攻坚直播赛道，通过打破线下复杂业态架构，打通产品链路与结算系统，并携手腾讯智慧零售团队快速落地全国范围内的"视频号 + 小程序"双播矩阵，合力优化直播运营策略。项目推动至今，百丽公域私域直播运营已实现高位增长。

为了高效沉淀全域流量，百丽全国终端门店已全面布局企业微信，实现门店数字服务半径的扩大。企业微信成为百丽门店直连消费者并进行深度运营的重要阵地。在 2022 年新冠疫情期间，腾讯智慧零售全面支持百丽总部项目小组联动各大区线上线下，组织百场全员企业微信培训活动，同时开展轻量级的线下冷启动竞赛。目前，百丽企业微信沉淀效率已达到行业标杆水平。

鞋包行业消费者重"线下体验与社交"，百丽通过门店活动、离店与日销的业务场景，全面打通集团小程序与腾讯生态内的触点，为客户创造新的服务价值，同时使小程序成交保持高位增长。在公域私域联动方面，百丽将小程序矩阵与腾讯云选联盟等打通，连接全域流量，不断为终端渠道带来消费新增量。

为方便读者了解百丽的全域布局，我们梳理了百丽全域探索布局一览图（见图 4-2）。

图 4-2　百丽全域探索布局一览图

数据成果

- 自 2020 年底起，百丽活动型小程序承接线下门店活动，GMV 达数亿元规模。一线员工逐步养成了对小程序工具的使用习惯与依赖心理，私域拥抱终端日销的模式已基本形成。

- 百丽拥有数千万名会员，通过小程序活动，持续拉新、促活、召回会员，会员销售占比明显提升，验证了百丽聚焦消费者的私域长效经营。

- 百丽加速在全国终端门店布局企业微信，通过轻量级的线下冷启动竞赛，在短短 6 个月内快速沉淀数千万名企业微信好友，企业微信沉淀效率达到行业标杆水平。

案例：I.T 集团

案例亮点

在潮牌领域，数字化已是大势所趋。I.T 集团（以下简称 I.T）依托"ITeSHOP 商城"小程序，一方面，通过"感谢折"活动、限量款购买权抽签和潮品福袋等丰富玩法，全方位激活了小程序 UV（Unique Visitor，独立访客）及销售；另一方面，通过有效打通公众号、视频号、小程序、企业微信、社群等线上线下多个触点，构建了全域增长的"潮流聚集地"。

企业概况

I.T 集团始于 1988 年，是全球知名的品牌服饰连锁零售店，"拥有众多品牌及多层次销售"一向是其引以为荣的经营理念。截至 2022 年，I.T 与 300 多个时尚潮流品牌合作，并拥有 b + ab、izzue、FIVE CM、:CHOCOOLATE 等 20 多个自有品牌。

与此同时，I.T 还不断扩展业务范围，为消费者提供更多舒适的购物空间。I.T、i.t、ete! 与 FGXX 是集团旗下的多品牌旗舰专卖店，以独特的时尚风格，满足不同年龄层消费者的品位和消费需求，助推 I.T 快速成长为潮流时装的代名词。

2017 年，I.T 推出"ITeSHOP 商城"小程序，并为小程序配置了全面的商品矩阵，不但同步线下及电商库存，还利用买手集团的优势，选择全球多品类、多品牌的潮流货品，致力于最大限度地满足消费者对潮牌的消费需求。

需求痛点

随着潮牌走向大众化，以及以 Z 世代为代表的年轻消费群体的逐渐崛起，潮牌的消费主场快速向线上转移。同时，时尚潮流的更新换代速度也在不断加快，如何更好地满足不断改变的消费者购物习惯和喜好，成为摆在 I.T 面前的难题。

基于此，I.T 希望借助相对精准且高黏性的粉丝用户群体，以多样化、全覆盖的私域生态，持续增强全渠道的品牌影响力并拓展生意，进而步入精准增量的新轨道。

优秀实践

打出"'尖货'/新品 + 活动"组合拳，持续激活小程序私域池

在 I.T 的私域战略中，"ITeSHOP 商城"小程序扮演着品牌官网的角色。围绕这一定位，I.T 为小程序配置了全面的商品矩阵，不仅同步线下及电商库存，还利用买手集团的优势，精选全球多品类、多品牌的潮流货品，进行差异化上新，使小程序全年保持高热度。此外，I.T 还将稀缺潮品爆款的购买权打通至私域内发放，利用限量款产品的强大号召力，不断扩大小程序私域池。

作为一家潮牌买手集团，I.T 结合其潮牌在"人、货、场"上的特殊性，通过线上线下的全方位配合，形成了一套"'尖货'/新品 + 活动"的组合打法：除了每年 3 月和 9 月的两次"感谢折"活动，以及在电商营销节点提供吸引力强的折扣回馈粉丝外，I.T 还利用限量款购买权抽签和潮品福袋等丰富玩法，持续激活小程序 UV 并提升销售额。

▶"感谢折"回馈忠粉，社交裂变高效拉新

一年两度的"感谢折"，是"ITeSHOP 商城"小程序最为重磅的粉丝

回馈活动。活动中，I.T 将品牌忠粉作为驱动小程序 GMV 增长的起点，将提前选购的权益作为吸引点，通过公众号模板消息推送、社群推广等形式对品牌老客户进行高效召回和激活。在 I.T 召回老客户的过程中，高达50% 的人群贡献了多笔订单，平均客单价超过 1300 元，远超其他活动均值。同时，I.T 还在直播间利用"社交立减金"裂变玩法，引导用户分享直播与活动，借助微信的社交属性实现高效拉新。

▶ 潮牌"尖货"撬动日销增长，全链路创新激活"引流"新引擎

在 I.T 的私域布局中，"尖货"同样是撬动小程序日销增长的一个重要支点。为了更好地发挥"尖货"与小程序其他商品的销售联动作用，2021年 I.T 对"抽签赢取潮流新品购买权"的玩法进行了链路创新。

首先，I.T 将原本独立的抽签小程序与商城小程序合二为一，并在"ITeSHOP 商城"小程序的首页和个人中心页面增设抽签活动入口。消费者参与抽签后，可在小程序查看中签结果，中签后可选择在小程序下单或到店自提。同时，I.T 还在抽签链路中增加了好友助力环节，消费者分享活动并邀请好友助力即可提高中签概率。通过商城和抽签的双向引导，以及高效的社交裂变玩法，I.T 有效实现了消费者的拉新促活。

为了进一步拓展抽签活动的流量来源渠道，I.T 还持续发力搜一搜"超级品牌专区"（见图 4-3），通过在专区内配置抽签活动入口的方式，为活动导入公域流量。I.T 在搜一搜"超级品牌专区"配置抽签活动信息后，其官方区日均点击率提升了 36%。运营卡片日均点击率提升了 340%，搜一搜带给小程序的日均 PV（Page View，页面浏览量）提升了 2 倍。

经过一系列的链路优化，潮品抽签活动成了 I.T 小程序引入新流量的重要引擎。

图 4-3　I.T 的搜一搜"超级品牌专区"配置

打通线上线下多触点，构建真正属于顾客的"潮流聚集地"

受新冠疫情的影响，2022 年多个快时尚品牌折戟沉沙，但因为布局了线上渠道，I.T 的营收波动仅在 10%～20%。

在 I.T 看来，线上线下并非此消彼长的替代关系，而是相互引流的互补关系，目前，I.T 线上线下会员的重合度高达 80%，顾客双向流动明显。

比如在从线上到线下引流方面，当 I.T 新店开业或者线下旗舰店需要引流时，"ITeSHOP 商城"会以线上抽签、"尖货"发售等形式，引导顾客到门店领取，从而为线下门店引流拉新，带来业绩增量。而在从线下到线上引流方面，I.T 则设计了一套推客计划，从 2018 年底，线下导购及其他员工就可以将"ITeSHOP 商城"上的所有在售商品推给相熟的顾客或推广至自己的朋友圈，转化成功后就能获得"佣金"激励。

其中，企业微信的数字化赋能，让导购成为连接线下门店、微信社群和视频号的中枢，构建消费者在生态内流转的闭环。I.T 自 2021 年全面布局企业微信以来，经过多轮导购培训，目前已经完成了企业微信在全国近 80% 的门店覆盖，并实现了对逾千名导购的深度赋能，累计沉淀了数十万消费者资产。

配合小程序和企业微信，公众号和视频号成了 I.T 拉新和新粉丝种草的核心内容阵地，而微信社群则成了提升 I.T 核心客群活跃度和促进成交的催化场。

I.T 并不满足于仅仅将私域作为一个促进销售的渠道，而是希望通过公众号、视频号、小程序、企业微信、社群等多个触点的打通，将其塑造成一个属于顾客的"潮流聚集地"。

为了更清晰地展示 I.T 在私域的布局，我们梳理了 I.T 的私域布局一览（见图 4-4），供更多品牌参考。

数据成果

- I.T 的 ITeSHOP 电商团队与腾讯智慧零售携手，快速布局企业微信，结合小程序内的"'尖货'/新品＋活动"营销矩阵，以潮流"尖货"为核心，实现线上线下全方位触达用户，在增强老客户黏性的同时，吸引大量新客户加入，使 2021 年 I.T 的私域销售额同比增长超 200%。

- 2021 年 I.T 的两场"感谢折"活动均取得了亮眼的成绩。其中，3 月的活动实现小程序 7 天的 GMV 累计超 5000 万元，UV 接近 90 万；9 月的活动更是创下新高，7 天的 GMV 累计近 6000 万元，UV 接近 100 万。

- 2022 年，"尖货"发售为 I.T 品牌小程序交易带来了超过 123% 的增长，小程序发售活动的参与人数也是其他平台的 3 倍以上。

图 4-4　I.T 的私域布局一览

案例：安踏集团

案例亮点

依托小程序商城，安踏集团（以下简称安踏）不仅成立了会员运营中心来经营全域 DTC（Direct to Consumer，直接触达消费者）会员，还构建了以"尖货"/专供款为主的高品质、高调性的差异化货盘，并不断开发新技术、新系统打通线上线下场景，实现了组织力、商品力、产品力的全面升级。在运营力方面，安踏则在门店会员私域沉淀、公域引流拉新、事件化全场景渗透等维度发力，持续加强与消费者的全方位连接和互动，助推品牌私域资产的快速沉淀。运营力与组织力、商品力、产品力共同实现了安踏数字化转型下全域经营的"品效合一"。

企业概况

安踏是全球著名的体育用品集团，创立于 1991 年，2007 年于香港上市。2009～2024 年，安踏连续 16 年成为中国奥委会官方合作伙伴。2021 年，安踏营收超 493 亿元，同比增长 38.9%。

安踏品牌是集团旗下专业运动线主品牌，在全国拥有 9000 多家门店。安踏于 2020 年开始布局私域业务，在成立了独立的私域运营团队后，还与腾讯智慧零售达成深度合作。

需求痛点

拥有多个品牌的安踏集团在全国门店众多，这些门店在疫情初期都受到了不同程度的影响。如何借助数字化转型，打破过去线下门店固有的经营模式，实现线下线上全域销售增长，成为安踏的当务之急。

为此，安踏通过小程序商城、官方导购、超级社群等私域业态组合矩阵，打通品牌线上线下渠道，延展门店经营时间和空间，在实现业绩增长的同时，为安踏未来的可持续健康发展注入新的动能。

优秀实践

随着私域系统加速升级,安踏将官方小程序作为全域经营下"品效合一"的大本营,不仅构建了以其为中心的"引力模型",还从组织力、商品力、运营力、产品力四大模块出发开启了官网升级之路。

组织力:成立会员中心,线上线下联动分层运营

安踏将会员体系建设视为构建私域大本营的重点。目前,安踏小程序、线下门店等渠道会员去重后累计超过 3000 万。为了更好地盘活会员资产,安踏还专门成立了会员中心来经营全域 DTC 会员。

在会员经营上,安踏通过会员分层,确保了加盟商的利益分配。不论会员在线下还是线上注册,都会进入数据中台并建立身份档案。若会员同时在线下和线上渠道购买,则线上官方电商和线下经销商共享该会员,均可针对该会员发起营销活动;若会员来源于线下,官方电商便不会针对其发起营销活动,避免抢线下门店的生意;相反,如果会员仅来源于线上,官方电商则可随时发起营销活动,同时与线下门店相互配合,实现线上线下营销的联动。

综合来看,安踏会员中心基于小程序为经销商提供导购赋能,助力门店拓展新增量,实现了线上线下共赢。数据显示,DTC 会员对于安踏生意的贡献率近 60%,足见安踏会员中心的重要性。

商品力:打造差异化货盘,助推产品结构升级

在安踏小程序商城中,安踏"尖货"/专供款居多,尤其是 1000 元以上超高端独家款式 SKU 较多。相比其他渠道,安踏小程序商城中的货品更为独特、稀缺,并且不以低价促销为核心抓手,这成功构建了高品质、高调性的差异化货盘。

另外，安踏还在小程序商城内以月为单位进行"尖货"发售，逐渐将其打造成"尖货"发售的主阵地。"尖货"指的是凝聚品牌价值和代表潮流取向的限量款商品，比如安踏的 KT 系列，该系列是安踏和 NBA 球星克莱·汤普森（Klay Thompson）合作的限量款球鞋系列。2018 年，作为安踏旗下第一款全球限量发售 350 双的球鞋，KT3-Rocco 款战靴在美国进行总量 200 双的限量销售时，在旧金山 NiceKicks 鞋店吸引了千人抢购。

"尖货"限量发售一般采取抽签制，消费者可以通过小程序商城参与抽签，再通过线上购买或线下门店购买取货。值得注意的是，安踏在选择"尖货"系列线下发售的门店时，倾向于那些能传递品牌形象的旗舰店。

一般而言，会时刻关注"尖货"发售的往往是品牌最为核心的粉丝群体，而该消费群体也是安踏在私域运营中努力留存的核心会员资产。

运营力：全域闭环，加速私域体验升级和会员沉淀

在数字化转型过程中，安踏积极探索全域经营模式，推进全渠道消费者数字化。安踏持续加强品牌与消费者的互动，不断沉淀以门店导购为主、总部垂直社群为辅的私域会员池，并通过全方位地与消费者连接互动，有效提升品牌黏性，实现私域会员沉淀和会员体验升级。

▶ 门店私域会员沉淀

消费者在安踏线下门店购物结账时，可以通过扫描收银台外屏显示的付款太阳码在小程序上进行支付。在支付页面，消费者可以购买充值卡，享受优惠减免，而该充值卡在小程序商城和线下门店通用。作为全域经营的创新举措，安踏此举全面打通了线上线下，不仅为消费者带来了便捷的消费体验，也为自身带来了用户沉淀和拉动复购的红利。在此基础上，安踏还利用导购助手、企业微信和门店社群，在消费者离店、闭店场景下实现触达，引导会员回店或通过小程序商城购买商品，实现了线上线下全渠道闭环。

▶ 公域引流拉新

在视频号直播方面，安踏逐步建立了日播体系，通过直播助力小程序商城拉新拓客。直播内容涵盖服装穿搭、潮流时尚和历史文化等多个领域，形成了"社交＋知识"的全新互动模式。同时，视频号集合页还能够帮助用户一键跳转到安踏小程序商城主页，从根本上构建了公域曝光引流—私域价值沉淀的完整链路。

而在广告投放方面，安踏以拉新客户成交为主要策略，兼顾投放 ROI（Return on Investment，投资回报率），并在小程序和公众号均提供总部垂直社群入口，以持续关注后链路运营。

▶ 事件化运营全场景渗透

除了门店私域会员沉淀和公域引流拉新，安踏还积极加码事件化运营。在 2022 年冬奥会期间，安踏全时段打通跟体育赛事相关的公域私域流量平台，通过强曝光、高互动的全场景渗透方式，快速稳定地激活粉丝，实现品牌私域资产的快速沉淀，在腾讯生态内构建了完整的流量闭环。

为提高与消费者的互动频率，安踏首次尝试在视频号内进行内容承接，打造知识问答型活动，在活动中实现品牌文化与冬奥精神的心智融合；同时，还借助短平快的朋友圈广告，在奥运选手摘金后第一时间广而告之，实现安踏品牌的强曝光；此外，安踏还上线了"摇一摇"卡片广告和冬奥专属点赞式广告，将用户的激动之情转化为现实中可交互的触感力量，通过"摇一摇""点赞屏幕"等趣味动作，提高了与消费者的互动频率，增加了长尾流量。

在多种互动广告的叠加影响下，自冬奥会开幕起，安踏的微信指数便不断攀升，一度突破 2 亿大关。

产品力：打通线上线下，带来全场景购物新体验

为了保障安踏小程序商城整体运行的稳定性，安踏对其进行了技术升级和改造，并尝试将线上场景与线下场景打通。

其中，提升导购的私域运营能力，是安踏私域建设极为重要的工作之一。安踏总部管理团队会对营销话术和指导方案进行统一整理，然后下发给所有导购，以保证线上推广信息的一致性。

除了利用企业微信来统一全体导购对外输出的产品内容和品牌形象，方便系统化管理客户资产之外，安踏还利用数字化导购助手等平台工具来精细化管理导购。同时，安踏也会定期邀请导购来反馈这些平台工具的使用感受，从而实现平台工具的优化和改进。

举例而言，一开始，安踏将所有产品的素材、话术和文案都放在一个商品池中，但这导致不同区域的导购从中快速找到适合自己区域的产品信息十分困难。经过改善后，安踏对不同的产品信息都做了精细化的圈选和标签，导购筛选产品信息更方便了。

总体来看，安踏利用数字化导购助手等平台工具不仅能赋能各个零售终端，还起到了管理和激励导购的中台作用。为了充分调动导购的积极性，安踏在平台上组织了"一对一""多对多""同温度带不同区域"等不同形式的导购 PK 赛。

通过灵活运用企业微信、小程序等平台工具，安踏微信私域创造了日均上千万元的 GMV。

数据成果

- 自 2020 年开始布局私域业务，安踏小程序商城业绩便一直保持高速攀升。安踏小程序商城 GMV 在 2021 年已破亿元，2022 年上半年较去年同期提升 137%。

| 第 5 章 |

美妆日化行业的全域经营打法与案例

美妆日化行业的特点和发展趋势

艾瑞咨询发布的《2021 年中国本土美妆行业研究报告》显示，2016～2021 年，我国美妆行业市场规模从 2279 亿元增长到 4337 亿元，六年间增长率超 90%，整体呈稳步增长态势。该报告同时预测，我国美妆行业市场规模将在 2023 年达到 5653 亿元。美妆日化行业蕴藏着巨大的发展潜力，企业面临的市场竞争也将越发激烈。要想在竞争中脱颖而出，企业需要重点关注以下三方面的趋势及变化。

趋势一：消费者行为与偏好不断变化

随着获取信息的渠道更加碎片化与多元化，消费者的决策链路已不再是对品牌建立认知—深入研究—下单购买的线性行为组合。这些变化将迫使企业更加关注且更好地完善社交与体验环节，重构消费者旅程，以应对消费者决策链路无序变化的挑战，并最终在购买环节切实提升转化率。

与此同时，消费者对更高端和更经济商品的消费偏好两极并存，需求也产生多层分化：年轻一代（1995年后出生，尤其是Z世代）因受圈层影响，对更能彰显个性的国货新锐品牌情有独钟，千禧一代（出生于1984～1995年）热衷于国际品牌，而中年以上（出生于1984年之前）人群更倾向于经典国货品牌。

趋势二：品牌运营转向"以消费者为中心"

在过去，企业在电商平台专注于货的运营，并不拥有消费者资产，也不了解自己产品的消费者是谁，他们喜欢什么。消费者在企业不同经营场的身份割裂、权益无法被拉通，导致企业无法很好地传递服务与价值。

现如今，企业更加关注以人为核心的服务体验。以小程序为中心串联全渠道的消费者触点，已经成为企业构建消费者互动和运营阵地时考虑的重点。随着私域运营进入深水区，做到全面深入地了解消费者，建立专门判定消费者价值的运营标准，管理和提升门店及导购运营能力等，成为众多企业的核心诉求。

趋势三：越来越多的品牌自发做私域用户沉淀

腾讯营销洞察（TMI）联合波士顿咨询（BCG）发布的《抢滩私域新战场：2021中国私域营销白皮书》显示，私域触点在中国的渗透率已经达到了96%，42%的消费者已经养成了使用私域触点的习惯，且消费者的消费决策容易受到私域内容的影响。

消费者在私域里的消费习惯已经逐渐养成，这也让越来越多企业自发投入和加强私域建设。在线下零售门店、线上电商门店等购物场景中，导购会邀请消费者成为品牌会员、添加客服企业微信或者进入社群。多场景的引流手段成为美妆日化企业私域获客的标配。

现阶段，以导购赋能和全域消费者资产经营为特性的全渠道转型，成为美妆日化行业的趋势。全渠道模式更加注重导购的沟通服务，通过导购的数字化连接，企业可以在与消费者的高频沟通中，提供更具温度和个性化的服务，从而带来更高的转化率和复购率。

2021 年，美妆行业全渠道模式发展迅猛。腾讯智慧零售合作企业的数据显示，20 多个美妆类企业小程序 GMV 破亿元，最高超 40 亿元，多个企业 GMV 同比翻倍，最高增速近 400%，小程序的重要性日渐显著。此外，小程序 GMV 排名前 20 的企业大多采取的是全渠道云店模式，且多家企业云店模式小程序 GMV 在全渠道占比超 15%。

美妆日化行业全域经营的难点

即使作为私域成熟度较高的赛道，美妆日化行业依旧需要面对全渠道转型的挑战，"导购数字化转型"便是其中一座大山。

美妆日化企业的导购数量多且素质参差不齐，整体数字化意识薄弱。要实现全域经营，不但需要持续提升导购的运营能力，更需进一步提升导购的个性化运营能力，从而提升拉新效率及粉丝转化率。

如果没有企业在组织层面的高度重视，导购数字化也只是纸上谈兵，因为在缺乏有效的 KPI（Key Performance Indicator，关键绩效指标）管理及奖励机制的情况下，资源协调容易受限。即使是已经在全渠道数字化转型进程中的企业，也还需解决与经销商的利益矛盾，以及跨部门利益协调、KPI制定等问题，这也是全渠道数字化被称为"一把手"工程的原因。

数字化产品工具是赋能导购和全渠道数字化不可忽视的一大利器，但目前仍有大量企业并未配备相应的会员通、商品通、支付通等中台系统工具，以及定制化的企业微信工具。一旦消费者数据日渐庞杂，企业还需借助数据整合工具来管理多平台人群资产，进而才能支持门店导购进行触达运营。

此外，这些数字化产品工具如若没有平台的资源、数据及技术的助力，企业投入再多的资源去开发，也很难做到全面深入地了解消费者，用户运营与私域沉淀举步维艰。只有当消费者不再是某个"场"的用户，而是企业最宝贵的资产时，企业借助数字化产品工具以及一套用于判定消费者价值的运营标准，才能管理好门店和导购，实现全域经营。

美妆日化行业全域经营的核心打法

美妆日化行业正在从重视线下门店经营向线上线下打通、公私域联动转变，这也意味着构建以消费者为中心的全域经营阵地成为新兴趋势。作为企业实现全渠道数字化转型的中坚力量，一线导购是关键切入点。

随着全域经营的推进，私域将成为企业构建整体数字资产的主阵地，沉淀和运营来自电商平台、内容平台、线上线下广告、品牌门店与柜台等各类场景的消费者。全渠道用户资产运营的重要性将在此突显，企业需要评估当前用户运营的精细化程度，并进一步优化人群运营策略。只要明确核心用户场景的优化方向，并通过运营动作和量化KPI推动运营策略落地，企业实现业绩稳健增长将水到渠成。

通过拆解与腾讯智慧零售合作的美妆日化企业的全域经营实践，我们总结出以下两种高效打法，供企业参考。

打法一：通过赋能导购数字化，推进企业全渠道转型

企业可以通过组织转型、产品工具赋能、导购数字化能力升级"三驾马车"协力驱动，借由赋能导购数字化来推进企业全渠道转型。

组织转型

由于全渠道转型涉及多个部门，企业需要改变既有流程，重新分配企业利益，尤其是门店业务，可分为线上业务、线下业务等。由企业高层带头可以高度集中资源推动全域经营，在很大程度上可避免部门之间利益、人员调配的牵制，因此，企业应选择将全域经营作为 CEO 工程、战略主线之一，通过直接成立相关部门来推动业务落地。

以丝芙兰为例，为了加强跨部门协作，组织内设有"电商及数字化团队"负责电商渠道运营，同时为全渠道拓展及其他运营部门提供"中心化"全渠道解决方案 SOP（Standard Operating Procedure，标准作业流程）。这为丝芙兰推出 Smart BA 项目提供了强大助力。此外，有效的KPI 管理及奖励机制，也使导购愿意积极通过企业微信引导消费者进入品牌私域，在社群中进一步了解消费者需求并持续提供一对一的个性化服务。

数字化产品工具赋能

数字化产品工具是实现全域高效运转的硬件基础。在交易层面，成熟的数字化产品矩阵如"小程序＋企业微信"，可以顺畅实现导购交易闭环；

在消费者运营层面，全渠道打通的中台系统能够助力全渠道小程序顺利搭建，定制化的企业微信插件能够助力导购轻松运营企业微信社群，与消费者建立更深入的沟通。

以赫莲娜为例，品牌将线下数字化突破确立为优先策略，率先通过布局云柜台小程序，在业内首次实现了百货系统的完全打通，将品牌的强附加值带给更多高奢美妆消费者。通过与腾讯智慧零售合作，赫莲娜对企业微信中台（涵盖品牌内容素材中心、美容顾问任务中心等模块）进行了升级。在基于潜在客户、新客户、老客户等不同客户生命周期的任务中心，导购可以根据客户画像360度记录信息，对不同类型的客户进行相应的信息触达，以提供更好的品牌体验。

导购数字化能力升级

导购数字化能力的提升主要体现为三个阶段：第一阶段，导购通过企业微信助手，摆脱线下门店的限制，在线上也能主动触达消费者，将消费者沉淀到私域用户池；第二阶段，导购在消费者离店后或闭店场景依旧可以通过沟通产生交易，以此创造更多的销售增量，实现导购个人和企业业绩最大化；第三阶段，借助数字化工具，导购将更易于洞察消费者画像，进行消费者的分层与精细化运营，实现全域营销。

以立白为例，日化行业的客单价较低，购买频次较高，大体量转化仍在线下，因此立白更加强调导购运营。导购会通过导购任务的方式去实现和消费者的沟通，每个导购打开企业微信后都能看到当天的任务和配套的积分激励措施，这将促进导购与消费者进行更多交流，并推荐相应的商品。在日常社群运营中，立白总部会提前基于门店位置划分导购服务范围；在消费者添加立白线下导购的企业微信后，通过首条"问好和消费者隐私条款告知"信息表明立白的服务标准；在消费者进群后，通过"问好＋

专属福利 + 群规则"的社群 SOP 展开标准化运营。此外，立白在每个群里都会分配一个总部运营人员，每天在固定的时间点总部发送固定话术和素材，导购只需复制发送出去即可，专人专岗，有效提升运营效率。

打法二：全渠道用户资产运营，优化人群运营实现增长

企业希望在更多场景中、更多产品上，主动触达消费者，并和他们进行沟通、维护好关系，频次便成了全域用户经营中非常值得关注的指标。以往品牌在推进私域用户运营时，会特别强调会员运营、社群运营、提升用户复购率和单用户价值、提升用户 LTV 等核心运营策略。如今，企业以全渠道用户资产运营为出发点，就需建立一套用户运营标准服务于对消费者价值的判定，以实现降低拉新成本、提升长期用户留存率的目标。

纵观腾讯生态体系，公域、私域触点众多，是企业培育高黏性、高互动、高净值用户的优质土壤。基于微信的强社交属性，企业全渠道用户资产运营可最大限度地还原线下服务场景，不仅消费者体验更加顺畅，企业也更容易建立与消费者的亲密关系，从而构建全新的消费者交互闭环。

光有好土壤还不够，还需要有好方法。针对美妆日化行业，企业可通过腾讯的"STAR 全域用户增值模型"（见图 5-1），从全渠道用户资产（Scaling）、结构健康度（Triangulating）、交互活跃度（Activating）、价值创造度（Returning）四大维度全面评估用户运营的精细化程度，进一步实现人群运营优化和业绩增长。

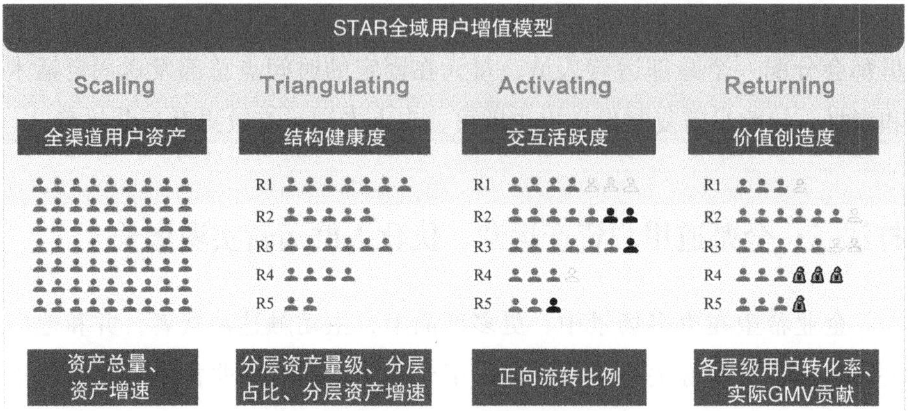

图 5-1　STAR 全域用户增值模型

注：R1 指用户触达（Reach），R2 指浅层互动（Respond），R3 指深层触动（Resonate），R4 指成交转化（React），R5 指复购忠诚（Repeat），出自 5R 方法论，代表用户与品牌关系的层级。

STAR 全域用户增值模型可从运营、工具、组织三方面进行有效赋能，助力品牌实现用户资产诊断、策略制定及落地、效果复盘。在运营赋能方面，企业可借助 STAR 模型在公域拉新、活跃复购、会员运营、流失召回四大核心场景中进行精细运营，并针对细分触点系统化设置触点 KPI，选择最契合的沟通渠道触点帮助提高经营效率。在工具赋能方面，数字化工具可以打破用户数据、触点匹配和内容匹配之间的壁垒，在企业标准地做好全链路、全渠道的用户资产沉淀之后，便可通过系统工具，实现用户经营的自动化、智能化。在组织赋能方面，腾讯基于过往的案例总结了成功在组织上实现赋能全域经营的三大模式，包括建立敏捷组织或虚拟组织、重新搭建全渠道或数字零售事业部，以及设置跨部门的统一用户运营 KPI，企业可以结合自身实际情况采取适合的方式来推动相关部门的协同。

与传统的用户分析模型相比，STAR 模型具有以下三大特点。

- **对标分析更系统**：除了可以进行品牌自身各时段的纵向对标分析以外，基于腾讯生态体系内的解决方案，还可以进行行业整体对标、竞品对标等横向分析，强化运营指引。

通过运用 STAR 模型分析多个品牌的人群资产发现，国际美妆品牌有两种主流运营模式，即线上官网和云店，并衍生出了两种截然不同的用户资产结构。在"线上官网"模式下，品牌人群资产中触达用户占比突出，资产流动性较大，流量主要来源于广告投放，主打强曝光驱动模式。在"云店"模式下，浅层互动及深层互动用户占比高，流量主要来源于线下柜台及导购客源，已经与品牌产生互动。

- **应用场景更丰富**：STAR 模型可以系统地提供三大类分析指导，具体以某国际美妆品牌为例。

整体分析，即品牌全量用户资产分析。 结合 STAR 模型来看，在结构健康度方面，在该品牌人群资产中触达用户占比突出；与主流竞品品牌一样，该品牌采用的是"线上官网"运营模式；在交互活跃度方面，与竞品相比，该品牌的深层互动及以上人群占比较高，正向流转效率更高。

营销分析，即"520""618"、七夕等营销活动的专项分析。 在全渠道用户资产方面，对比历史营销期间，该品牌在"520"期间的整体曝光体量，对比情人节基本持平，对比七夕有所上升；在结构健康度方面，该品牌在"520"期间的新增资产对比情人节有所增加，但深层互动用户资产明显减少，引导到小程序后深度互动效率降低。

场景分析，即流失、召回等具体用户场景的分析。 借助 STAR 模型，该品牌对过去六个月的流失人群进一步分析后，发现流失人群中有 30% 流向了美妆和泛美妆品牌，其中购买香水彩妆类产品的人最多。

通过基于 STAR 模型的以上三大类分析，诊断出用户资产运营的健康度和痛点后，品牌能更清晰地从用户视角调整运营策略，让会员营销有数可依，从触点梳理到会员画像，体系化制定会员运营解决方案，加深品牌与用户的联系。

- **应用与转化效果更相关**：能够将用户运营与具体的成交转化相结合，

实现从用户运营到生意增长的系统化落地。

例如，基于 STAR 模型的分析结果与运营优化建议，伽蓝集团通过打造双积分系统（导购积分系统与全产品覆盖的会员积分系统），全面激励美妆店主和会员。在双积分系统下，积分兑换的现金补贴全部由伽蓝总部承担，消费者也有明确的门店归属，不仅导购可以获得积分返现，消费者能够获得积分优惠，门店也减少了营销支出，这一做法开创了导购、消费者、门店三赢的新局面。品牌数据对比显示，三四线城市的美妆门店一个月收入在 2 万元左右，接入双积分系统后，门店平均单月可额外增收约 30%。

除了上文总结的两种高效全域经营打法，我们还梳理了美妆日化企业通用的微信私域用户运营图谱（见图 5-2），供更多品牌参考。

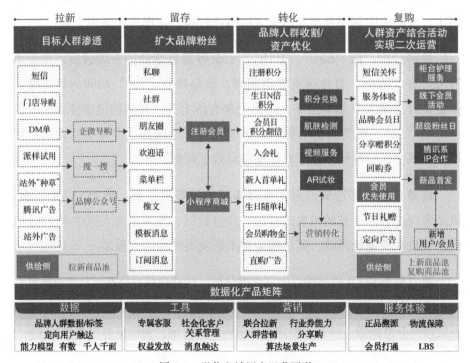

图 5-2　微信私域用户运营图谱

案例：巴黎欧莱雅

案例亮点

通过"由点及面，分阶段快速迭代"，巴黎欧莱雅（L'Oréal Paris）以云店小程序为核心，以线下导购为切入点，从人、货、场三个维度全方位触达和服务用户，构建品牌的长期增量价值，打造出标杆导购和门店，并将成功经验和模式逐步复制推广到全国门店。在这一过程中，巴黎欧莱雅全面推进全域服务技能、管理、数字化工具三重赋能，实现线上数字化领域的领先能力和丰富培训经验的横向迁移，构建了 O2O 共赢的商业模式。

企业概况

巴黎欧莱雅是欧仁·舒莱尔于 1907 年创立的美容品牌，也是欧莱雅集团里知名度最高、历史最悠久的大众化妆品品牌之一，主要生产染发护发、彩妆及护肤产品，因其出众的品质一直备受全球爱美女性的青睐。巴黎欧莱雅在全球不同地区拥有一流的研发与创新中心，使其得以不断推出适应全球消费者不同需要的优质产品。

2020 年，巴黎欧莱雅前瞻性地开启了线下数字化布局，以线下门店为起点，将服务场景延伸至云店、企业微信、社群、直播等新场景。

需求痛点

在消费升级和消费群体年轻化趋势下，市场上诞生了许多潜在的新品类需求。与此同时，消费者的消费环境和习惯也发生了巨变，数字化与消费的结合日益紧密。消费者不再满足于单一的购物场景，而是追求更加个性化和多元化的连接。

因此，巴黎欧莱雅希望与腾讯深度合作，共创导购私域赋能新模式，将线下门店与私域有机融合，从而紧跟消费者需求变化，更好地服务消费者。

优秀实践

分阶段推进，打造货、场、人的长期增量价值

对于拥有丰富产品线、渠道以及大量线下导购的巴黎欧莱雅而言，线下数字化面临着多重挑战，可谓牵一发而动全身。为此，巴黎欧莱雅选择了"由点及面，分阶段快速迭代"的策略：从 1 家全球旗舰店出发探索创新，扩展到 10 家直营门店验证成效，并通过与腾讯智慧零售合作全国导购大赛，快速打造标杆导购和门店。

在这一过程中，巴黎欧莱雅以云店小程序为核心，以线下导购为切入点，从货、场、人三个维度为品牌带来了长期增量价值。

▶ 货的延伸：新品、差异品、易缺品带来交易增量

巴黎欧莱雅拥有丰富的产品矩阵，但过去受限于门店空间，无法向消费者全部展示，而且彩妆、染发等色号丰富的品类还常常有缺货风险。借助于云店小程序，巴黎欧莱雅彻底打破了时间和空间的限制，可以随时随地为消费者提供最全的商品选择，让一线导购不错过任何一个与消费者沟通交流的机会。

同时，由于消费者在线上和线下有着不同的消费习惯，将场景延伸到线上后，巴黎欧莱雅也成功了解到消费者新的消费需求。比如面膜这个品类过去在线下的体量非常小，但巴黎欧莱雅通过在小程序中"种草""造节"，对消费者进行 360 度的心智培育，极大地提升了这个品类对线下人群的渗透。

此外，云店小程序对新品的打造和推广也起到了重要作用。在新品上市前，巴黎欧莱雅会定向邀约目标兴趣客群担任新品体验官，参与新品体验和反馈活动。一方面，通过更多地聆听消费者的声音，持续推出消费者喜爱的新品；另一方面，让参与体验的消费者创造并传播大量 UGC（用户原创内容），推动新品转化和上市销售的集中爆发。

▶ 场的延伸：多场景触达、高频次互动，深化用户连接

除了门店空间有限，巴黎欧莱雅在线下面临的另一个痛点在于，消费者到店的频率和停留的时长也非常有限，导购因时间和场景的限制无法向消费者一一介绍所有商品。在微信生态支撑下，导购通过企业微信朋友圈、一对一聊天、社群、直播等线上场景，可以随时随地触达消费者并为其提供产品讲解和服务，这使上述难题得到了有效解决。

值得一提的是，这些场景并非彼此孤立，而是各具特点、有机互补，通过合理利用可以形成巨大的合力。其中，合理规划的优质企业微信朋友圈是更丝滑、无打扰的场，一对一聊天是能够提供深度服务的场，社群是高频互动的场，直播则是一对多、生动丰富的教育场。

巴黎欧莱雅会根据场景定位、消费者画像等设计固定栏目的内容，吸引消费者不断到访。比如，社群有每周福利日，直播间有新品日、家庭日、云课堂等深受欢迎的固定服务栏目。通过这些场景的相互串联，导购与消费者建立起了循环且深度的连接。

▶ 人的延伸：从流量到留量，运营广度、深度双线提升

云店小程序的建设，一方面通过线上线下打通带来了新的流量；另一方面通过公域私域联动将流量转化成留量，有效提升了用户服务深度。

目前云店小程序的流量主要来自线下，但巴黎欧莱雅并非单纯地把线

下流量导流到线上，而是会让线上流量反哺线下。巴黎欧莱雅在设计云店小程序的线上获客链路时，会尽可能让新客户与导购发生连接，使其有机会回到线下。同时，在老客户成长体系上，巴黎欧莱雅也会围绕双渠道流转的思路去设计云店，以有效提升会员复购率、留存率和 LTV。

"全域服务技能＋管理＋数字化工具"三重赋能，筑牢线下数字化底座

在线下数字化战略推进过程中，巴黎欧莱雅将其线上数字化领域的领先能力和丰富培训经验做了横向迁移。具体而言，其线下数字化战略的落地执行可以细分成三个维度。

▶ 全域服务技能赋能，线上线下发力加速销售转化

线下导购过去熟悉的工作场景和工作方式，是与消费者面对面交流，通过试用产品和提供面部 SPA 服务，实现销售转化。随着消费场域的迁移，导购需要掌握如何在企业微信的生态下，更好地连接消费者，提供有温度、不打扰的线上服务体验，从而反哺线下销售，更好地促进销售转化。

为此，巴黎欧莱雅准备了完善的全域服务技能培训，帮助导购为消费者提供线上线下一致且具有一定差异化的服务。针对不同的消费场景，巴黎欧莱雅对导购进行差异化的赋能，以便更好地服务不同场域的消费者，进而促进销售转化。

针对线下门店覆盖面广、区域多样化、模式更新速度快等特点，巴黎欧莱雅在赋能上采用去中心化原则，以保持终端的灵活性：由总部制定目标和标准，区域销售管理人员和新零售培训师根据地方特色及一线实操经验共创实战方法并反馈给总部，形成快速迭代的有效管理模式。

▶ 多维创新助推管理赋能，实现多方共赢

拥有科技美妆基因的巴黎欧莱雅，在 O2O 布局上坚持数字化与创新。企业各部门自上而下高度协作，形成了总部和区域共创的良性模式，360度全面推动线下数字化发展，助力服务场景和销售场景持续延伸。

巴黎欧莱雅的新零售团队通过创建品牌全新的微信端业务场景，不断探索新业务模式，全面推动了 O2O 服务链路、服务标准的创新以及导购新技能培训。同时，还将沉淀的方法论迅速传递给既有业务团队，在完成自身迭代和升级的同时，加速对庞大线下渠道的赋能，最终为消费者提供更加极致的服务体验，实现了消费者、导购、线下渠道与品牌的多方共赢。

在新零售赋能的基础上，导购可以与消费者建立超越时间、空间限制的沟通，从而有效增加会员的黏性，提高消费者对品牌的忠诚度。另外，依托直播等平台的引流作用，导购也可更便捷地让消费者预先了解线下活动，并实现一对多的服务提效。

▶ 数字化工具赋能提质增效，创造全链路便捷购物体验

企业微信是巴黎欧莱雅线下数字化的重要载体，它高效串联了云店小程序、SCRM、导购任务管理等多个数字化工具，共同为消费者打造 O2O全域服务；不但为消费者创造了全链路的便捷购物体验，还大幅提升了导购的服务效率。

围绕云店小程序，巴黎欧莱雅开发了一款定制化的购物车组件，它可帮助导购为顾客量身定制个性化的购物订单，顾客直接扫码即可支付，大幅节约了选购的时间成本。而在导购端，巴黎欧莱雅也针对导购打造了一系列数字化工具，涵盖商品展示、促销、数据分析等，让导购能高度自主、灵活且精准地服务顾客。

由欧莱雅开发的 Wesocial 企业微信运营平台通过一站式的解决方案为导购赋能，可以助力导购更加高效地与消费者沟通，提供"一人千面"的服务体验，促进销售转化。在导购任务中心，通过开箱即用的社群运营和营销工具等，导购可以根据用户画像进行差异化的信息触达，为消费者带来更好的品牌体验。

除了数字化工具赋能，巴黎欧莱雅还进一步夯实了底层数字化能力，联合腾讯智慧零售团队对消费者在云柜台的购物旅程进行全面复盘，从 UI（User Interface，用户界面）、交互、可用性三个维度，系统测试、评估小程序的购物链路并进行优化，确保消费者在云柜台上获得最优的消费体验。

数据成果

- 2022 年，巴黎欧莱雅已在上千家门店复制迭代线下数字化模式，并完成对旗下超过 2000 位资深优秀导购的私域数字化能力培训，稳扎稳打地构建了 O2O 共赢的商业模式。

- 2021 年全国导购大赛期间，标杆导购通过线上服务增加了 40% 的收入，所有导购线上销量增长 300%。

案例：屈臣氏

案例亮点

作为全球知名美妆个护零售商，屈臣氏推行 O+O（Offline+Online，线下＋线上）平台策略，通过线下 4000 家门店和线上屈臣氏小程序、社群、BA（Beauty Adviser，美容顾问）企业微信、服务助手、视频号等多元触点，实现更高效的消费者触达，创造出线下线上无缝融合的消费体验，重塑消费者关系。

基于 O+O 平台策略的全域经营实践，屈臣氏进一步推出了品牌创新增长中心（OPTIMO），为入驻品牌提供多种数智化工具，帮助它们更好地进行人群筛选与高效触达，将优质的商品与服务推荐给目标消费者。

企业概况

屈臣氏在内地逾 500 座城市拥有约 4000 家店铺和逾 6000 万名会员，是大众熟知的 O + O 保健及美妆个护产品零售商。2020 年 2 月，屈臣氏小程序正式上线，标志着屈臣氏加速探索全渠道融合发展。

需求痛点

随着互联网技术的发展，消费线下线上一体化趋势越发明显，消费者"线上种草、线下拔草"或者"线下体验、线上下单"成为常态。对于线下优势明显的屈臣氏，如何通过线下线上全渠道打通满足年轻消费者对无界式消费体验的需求，成为一大挑战。与此同时，在私域经济浪潮下，不少品牌已经开启了 DTC 新业务模式的尝试。

面对剧烈变化的外部环境，零售商该如何找到自身新的定位？又该如何调整自身业务模式，继续为品牌提供差异化的价值？

为回答上述问题，屈臣氏积极借助微信生态的力量，以实现全渠道打通，刷新消费者体验，重塑消费者关系，并不断积累品牌用户资产，找到自身对于品牌的价值增量。

优秀实践

屈臣氏创新性地提出 O + O 零售模式（见图 5-3），在线下以实体门店为消费者提供优质购物体验的同时，在线上基于微信生态内的丰富触点有效触达消费者，构建了消费路径的每一环都线上线下无缝融合的数字化生态。

图 5-3　屈臣氏的 O + O 零售模式

布局 O+O 生态，全渠道服务消费者

早在 2018 年，屈臣氏就开始加速数字化转型，扩大线下线上的客户群体，然后实施 O+O 平台策略，以云店小程序为核心抓手，充分赋能 BA，加速线下门店与线上触点的深度融合，把消费者源源不断地吸引到屈臣氏的私域当中并与之互动。

▶以云店打通线下线上，构建消费者互动社区

屈臣氏云店小程序是屈臣氏 O + O 平台策略的核心抓手，是屈臣氏以服务为核心重塑消费者关系的枢纽。这里的"服务"包含两层含义，第一层

是指门店提供的 SPA、测肤质、化妆等具象化的服务；第二层则是指信息服务，即屈臣氏能够洞察消费者偏好的产品，并把相关促销或活动推送给他们。

云店小程序上线以来，屈臣氏陆续将全国约 4000 家门店及线上众渠道的流量导入云店，为消费者创造出线下线上无缝融合的消费体验：消费者可参与限时秒杀拼团、会员尊享更低价，还可随时通过云店下单但到门店提货，或在家享受 30 分钟内闪电送货上门服务，同时还能线上预约门店服务。

在云店小程序中，屈臣氏针对年轻群体提供了丰富的社交互动玩法，如设置"试物所"等专区，打通消费者从"种草"、试用到购买的轻社交链路，为品牌和消费者创造双向连接。对屈臣氏而言，云店不仅仅是一个线上卖场，更是激发消费者购买欲望的好地方。

此外，屈臣氏还以年轻人兴趣为发力点，推出虚拟偶像"屈晨曦"、云养宠物猫"屈奇"，不断提升云店的二次元、萌系指数，打造更有活力的年轻社交互动空间。

▶"企业微信 + 社群"赋能 BA，让服务打破时空限制

屈臣氏对 BA 的定位是跟消费者成为好朋友，变成他们最信赖的健康美丽顾问。屈臣氏为门店 BA 提供了企业微信等专业数字化工具，在消费者离店后的场景下，也能够在线提供一对一的专业咨询和服务。屈臣氏 BA 会在企业微信上给消费者发送定制化内容、生日福利、会员活动等，消费者点击后即可直接跳转至小程序或被引流到门店消费。

在企业微信的助力下，BA 不再局限于在门店与消费者进行有限的交流，而是能够打破时空限制，将其与消费者的关系由短时的销售带货转换为长期的互动陪伴。

截至 2022 年，屈臣氏的 4 万多名 BA 已经通过企业微信连接了超过 4300

万名消费者。数据显示，有接近一半的消费者在咨询 BA 后产生了购买行为，已经添加企业微信的消费者的消费金额为同期未添加企业微信的消费者的 3.8 倍，消费频率是同期未添加企业微信的消费者的 3 倍。

此外，BA 还会主动邀请消费者进入相应的社群，每天推送当天的折扣商品和优惠活动信息，激发消费欲望。目前，屈臣氏已经拥有超过 6 万个社群，包含各类宠粉和 VIP 社群，累计用户达百万级别。

在社群运营方面，屈臣氏创新地推出了"28 天陪伴打卡活动"，长期陪伴、提醒、鼓励用户。比如，在屈臣氏为 Move Free益节打造的 28 天线上社群打卡活动中，屈臣氏通过社群互动向消费者传播关节护理知识，帮助品牌触达消费人群，提升转化率，此外还在线下门店举办健康沙龙，实现用户心智的全方位渗透。

▶ 全域引流至私域，实现消费者的精细化运营

屈臣氏遍布全国的门店是天然的线下流量入口。在线下门店，BA 会主动添加消费者的微信，引导其进入私域；同时，消费者也可以自行扫描门店内活动展板上的小程序码跳转至屈臣氏私域。此外，屈臣氏还会在微信、美柚、爱奇艺等平台的公域投放广告（见图 5-4），持续引入亿级流量，为私域注入"活水"。

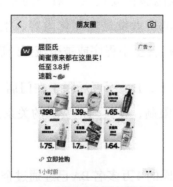

图 5-4　屈臣氏的朋友圈广告

在庞大的私域流量基础上，屈臣氏会基于各个触点的特性，合理利用私域资源，实现拉新复购。以社交裂变玩法为例，屈臣氏在云店小程序的主页上设有专门的拼团专区，老用户邀请新用户参与拼团，可获得低价购买的权利，这不仅能带来新用户，还将带来新人下单、复购以及多次购买。

值得一提的是，屈臣氏的微信公众号矩阵已经积累了数千万名粉丝。为了尽可能照顾到不同喜好的粉丝，屈臣氏开展了精准化内容推送，将特定的内容信息推荐给特定的人群，而这一举措也让打开率显著提升。

成立品牌创新增长中心，与品牌共生共赢

屈臣氏持续深耕 O+O 平台策略，截至 2022 年，其数据平台上已经汇聚了超过 2 亿名美妆个护忠诚用户，覆盖九成以上 18～45 岁国内都市女性，而她们正是当下无论国潮美妆品牌还是国际品牌，都想要触达的核心目标群体。

作为一家美妆个护集合零售商，屈臣氏一头连接消费者，另一头则与众多品牌保持着密切合作。庞大的高质量精准用户人群和深入的用户洞察，不仅使屈臣氏与消费者保持着长效沟通，也为其构建良好品牌合作生态奠定了基础。

为了更好地发挥自身的全域经营优势以赋能品牌，屈臣氏将其 O+O 下媒体化平台命名为"OPTIMO"（即品牌创新增长中心，见图 5-5），并为入驻品牌提供 WISE Insight、WISE Brand 和 WISE Media 三大数智化工具，帮助它们更好地进行目标人群筛选与触达，打造"消费者体验—消费者触达—数据沉淀—赋能品牌"的正向循环，实现消费者运营增长。其中，WISE Media 是指可通过精准高效的广告投放方式，帮助品牌快速触达、起量，以及评估媒体影响力；WISE Insight 是一个面向消费者的调研洞察工具，可以让营销策划更"有数"；WISE Brand 可在整个营销过程中助力品牌了解消费者资产的变化与流向、健康状况等，及时发现品牌问题，或挖掘出更多新营销机会点。

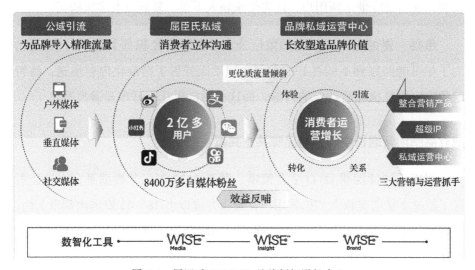

图 5-5　屈臣氏 OPTIMO 品牌创新增长中心

如今，屈臣氏 OPTIMO 品牌创新增长中心与多个品牌合作取得了突破性增长，并且正在以开放的姿态，构建全新行业生态。

数据成果

- 截至 2022 年，屈臣氏已经积累了逾 6000 万名会员，逾百万名社群用户。

- 屈臣氏通过企业微信赋能 BA，连接了超过 4300 万名消费者，其中 48% 的消费者咨询 BA 后产生了购买。添加了企业微信的消费者的消费金额是同期未添加企业微信的消费者的 3.8 倍，消费频率是同期未添加企业微信的消费者的 3 倍。

案例：薇诺娜

案例亮点

　　基于功能性护肤产品天然具有的互动性、内容属性和服务属性，薇诺娜布局了私域运营并持续发力，一方面三大模式并行，有效降低私域获客成本；另一方面则通过细分领域不同打法的组合配置，强化私域矩阵间点线关联，从而深挖用户价值，提升用户黏性，吸引用户留存。同时，薇诺娜还聚焦会员服务，以满足用户需求为前提，持续提升用户满意度及品牌认同度，形成整个私域生态闭环运营。

企业概况

　　薇诺娜成立于 2010 年，是云南贝泰妮生物科技集团股份有限公司（以下简称贝泰妮）旗下的核心品牌。自诞生以来，薇诺娜运用多项专利技术，采用基于皮肤学级的温和配方，以符合美国、欧盟化妆品要求的 GMPC 标准进行生产，产品的安全性、有效性得到皮肤学界专业人士及消费者的广泛认可。

　　通过线下医药渠道打基础、线上全网覆盖的渠道策略，贝泰妮自成立以来每年均实现高速增长。借助互联网和人工智能新技术，贝泰妮打造了新零售全触点系统，成功跨界实现 OMO 营销，成为中国大健康产业"互联网＋"的领先企业。

需求痛点

　　新消费的商业格局发展到今天，各平台流量红利已被瓜分殆尽。要想持续增长，就必须发力存量经营，已经成为各大品牌的共识。薇诺娜从 2017 年布局私域至今，取得了不错的成绩，私域内的客单价和复购率都明显高于平均水平，费率却相对更低，私域成为贝泰妮重要的获利渠道。

随着私域运营进入深水区，薇诺娜目前需要解决三大核心问题：①如何有效地降低获客成本？②如何更好地留存用户？③如何有效地为用户提供有价值的服务？

为了解决上述三大核心问题，实现精细化用户服务运营，降低品牌运营成本，提升用户黏性及转化率，薇诺娜与腾讯达成合作。

优秀实践

坚持长期私域布局，提供伴随式服务

薇诺娜通过私域为用户提供长期伴随式服务，除了要保证产品效果，更重要的是提升功能性护肤产品带给用户的附加情绪价值，确保用户在使用产品时感到舒心满意。薇诺娜重视私域布局，并且坚持投入，主要有以下几点原因。

▶聚焦核心用户，提升用户黏性

从消费人群来看，薇诺娜私域的核心用户为 25～45 岁、中产家庭及以上的女性群体，她们有一定的消费能力，普遍重视皮肤健康，因此对于护肤拥有不少知识储备，更容易在私域内被教育和转化。功能性护肤产品用户的基本诉求，就是希望产品能够高效且有针对性地解决皮肤问题，只要产品能够满足期待，用户黏性就会非常强，这给薇诺娜利用私域持续培育用户创造了很好的前提条件。

▶探索产品属性，构建多维服务价值

从产品特性来看，功能性护肤产品天然具有互动性、内容属性和服务属性。

首先，用户在使用功能性护肤产品解决了皮肤问题后，很容易产生分享欲，即使因为产品使用不当而"翻车"，用户也会非常积极地分享、讨论，寻求解决方案。如果私域能够承载用户的分享需求，就可以产生很高的活跃度，为后续用户教育或复购培育打下基础。

其次，功能性护肤产品相对于大众护肤产品来说，需要更多的用户教育，而品牌通过私域共创的护肤知识等科普内容，可以直接、即时地触达用户。私域内持续的内容输出，还可以不断击中用户痛点，满足用户需求，更快地建立与用户的信任感。

最后，由于功效性护肤产品解决的是面部皮肤问题，这些问题的来源十分复杂，比如敏感问题就有环境因素、睡眠不足、内分泌失调、皮肤不耐受等多种可能的诱因，而产品使用方式不当，也很容易引起"翻车"，此时，用户就需要有一个类似"护肤专家"的人物，个性化地帮助他们根据生活习惯调整护肤品的使用方式，并且陪伴用户体验，以达到更好的护肤效果。这种深度服务只有在 DTC 的私域生态中，才能更好地落地。

深挖用户价值，打造私域增长专属路径

为了进一步建立与用户的亲密关系，薇诺娜布局私域运营并持续发力，搭建了涵盖社群、企业微信导购、小程序商城、公众号、视频号等在内的私域矩阵。基于此，薇诺娜不断沉淀粉丝用户，并深挖用户价值，打造了公域引流—私域沉淀—小程序商城直购的私域增长路径，形成了具有薇诺娜品牌特色的公域私域布局（见图 5-6 ）。

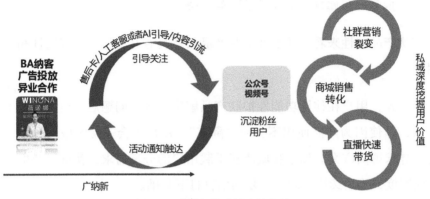

图 5-6　薇诺娜的公域私域布局

▶三大模式并行，有效降低私域获客成本

随着互联网经济和消费者需求不断迭代升级，单纯依靠线下终端挖掘私域流量逐渐陷入瓶颈。因此，薇诺娜三大模式并行，探索出一条降低私域获客成本的新道路。

第一，老带新模式。薇诺娜通过既有会员口碑宣传及商城营销活动激励等形式，拓展老客周边的潜客。第二，广场流量导入模式。线上通过与各大平台合作，以资源置换、流量互换的合作形式，寻找目标用户，引导私域注册转化；线下通过门店肌肤顾问定向引导至线上商城购买，精准锁定目标用户，培养私域认知及消费习惯。第三，差异化产品营销模式。通过开发专供商品，构建渠道壁垒，黏住目标用户，通过内容项的营销"种草"，吸引广场粉丝并转化为私域用户。

其中，薇诺娜借助朋友圈广告引流，以品牌主打产品吸引目标用户关注公众号，通过自动回复快速触达并引导购买（见图 5-7）。同时，配合差异化产品定位，促进用户针对敏感肌产品转化，后续通过文章推送、服务通知、社群营销等方式，完成增购和复购。

图 5-7　薇诺娜朋友圈广告链路（示意图）

▶ 私域矩阵联动，加速用户留存

在用户留存方面，薇诺娜通过细分领域不同打法的组合配置，强化矩阵间点线关联，并持续输出不同的价值内容，提升用户黏性，吸引用户留存。

通过企业微信打造品牌 IP 专属美肤顾问，以内容触达年轻护肤用户，已经成为美妆护肤品牌增长的重要途径。在这一背景下，薇诺娜通过公众号、企业微信、社群（见图 5-8）等深度"种草"，打造优质 UGC 社区，鼓励消费者分享自己的体验和真实感受，并结合私域渠道进行深度的用户运营。

薇诺娜还通过引导用户关注公众号进而进入微信商城，并邀请其添加宠粉专属美肤顾问的企业微信，实现了一对一用户日常运营。对于未下单转化的用户，在关注公众号 1 小时后，公众号也将自动向其推送新人社群福利信息，引导其添加美肤顾问的企业微信并加入社群，享受社群专享福利、优惠等，使其长期留存进一步成为品牌顾客。

图 5-8　薇诺娜企业微信与社群（示意图）

在社群内，薇诺娜美肤顾问会每日推送秒杀福利，如整点 1 元秒杀、折扣秒杀，以及优惠券等福利信息，吸引并沉淀用户增购、复购，进行二次转化；除推送活动外，美肤顾问还会定期进行敏感肌护肤知识普及，并鼓励用户自发分享护肤经历及产品使用感受，以提升用户黏性，提高用户复购率。

不仅如此，薇诺娜还联动公众号矩阵、视频号、搜一搜等强势"种草"，将潜在用户、粉丝用户引流到官方小程序商城下单。薇诺娜采用双平台同步直播的形式，多渠道吸粉和转化用户，月均直播超过 40 场，平均单场时长超过 4 小时。薇诺娜还在直播期间通过定制直播间专属福利，如不定时抽奖、整点抢购、限定加赠等，增加停留时长，培养潜在用户的直播消费心智及黏住粉丝用户。

促进会员生长，打造私域生态闭环，让服务更有价值

面对"如何有效地为用户提供有价值的服务"这一核心问题，薇诺娜聚焦会员及标签体系板块，一方面通过完善会员生长体系，定制梯度福利，来驱动会员自发成长进阶，强化会员黏性及归属感；另一方面通过调研用户需求，构建标签体系以实现精细化运营，比如肌肤顾问通过了解不同会员的肤质、定向搭配护肤组合等内容服务，以满足用户需求为前提，持续提升用户满意度及品牌认同度。最终通过赢得用户的认可，促使他们自主分享导购及商城的相关信息，持续为私域用户池带来源源不断的新顾客，实现整个私域生态闭环运营。

数据成果

- 薇诺娜从 2017 年 3 月便开始在微信打造"专柜服务平台"和小程序商城，如今已取得了显著成绩。其中，在 2022 年，薇诺娜微信生态直播销售额同比 2021 年同期增长近 4 倍，单场直播用户平均停留时长达 350 秒；会员运营企业微信人数同比 2021 年增长 124%；双 11 朋友圈广告投放 ROI 达 13.72；双 11 至尊 VIP 新品优先体验带动消费客单达 4000 元；私域专供品销售额占比超过 60%，明星爆品复购率超过 30%；社群内产生销售额约占私域年度总销售额的24%。

第 6 章

3C 家电行业的全域经营打法与案例

3C 家电行业的发展趋势

在近几十年的黄金发展期里，3C 家电行业迅速发展，但如今，3C 家电渗透率已逼近瓶颈，增量需求红利期接近尾声，行业逐步从增量竞争时代迈向存量竞争时代。国际权威调研机构 GFK 市场监测与推总数据显示，2021 年中国数码市场销售额 14 191 亿元，2022 年为 13 013 亿元，同比下降 8.3%。《2022 中国家电市场报告》也显示，2022 年中国家电市场零售总额为 8352 亿元，同比下降 5.2%。3C 家电行业承压前行。

存量市场下同样蕴藏着增长机遇。一方面，新生代年轻消费群体正在成为消费市场的主力军，他们的消费心理更加开放，品牌忠诚度相对较低，更看重商品的性价比和实际的消费体验，这些新人群的出现大大提升了 3C 家电市场的消费活力。另一方面，消费赛道持续细分，产品结构升级明显，越来越多的消费者选择以更高品质的产品来提高生活质量。此外，受到人口老龄化进程加快、平均结婚年龄提高、出生人口数量减少等结构变化的影响，健康保健类、精致型家电的需求正在逐渐扩大。

经历了多年的持续高速增长，同时叠加新冠疫情的影响，线上渠道已成为 3C 家电市场最重要的销售渠道之一。据 GFK 市场监测与推总数据，2022 年中国数码线上市场增速为 1.6%，线下市场增速为 –15.9%，整体数码市场线上率达 45.3%。GFK 大家电（彩电、空调、冰箱、洗衣机）全国零售监测数据也显示，线上渠道的零售额占比已从 2012 年的 4% 增长至 2020 年的 46%，2022 年，线上渠道对家电零售的贡献率进一步提升至 58.2%，线上渠道成长极为迅速。

在大环境的不断驱使下，行业的经营模式进一步升级。随着品牌在微信私域布局的不断深入，渠道驱动零售增长的模式正逐渐转变为在全域数字化下由用户驱动零售增长的模式（见图 6-1）。腾讯智慧零售统计数据显示，2022 年腾讯智慧零售合作的 3C 家电企业在微信生态内的生意规模同比 2021 年增长超 10%，各细分赛道的表现更是亮眼，其中 PC 赛道同比增长 41%，家电赛道增长 35%，消费数码赛道增长超 100%。3C 家电行业私域的蓬勃发展，为企业推进全域经营提供了扎实的基础。

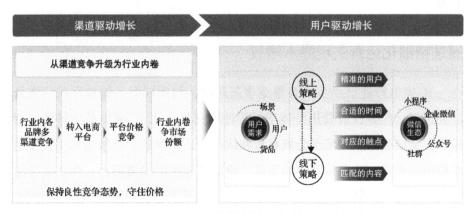

图 6-1　3C 家电行业从渠道驱动到用户驱动升级图

全域经营为 3C 家电行业带来两大助力

3C 家电行业是典型的以渠道为中心的行业。早年间，品牌常常围绕线下渠道商展开激烈的竞争。随着互联网技术的持续发展，渠道边界不断拓宽，行业内卷也进一步升级。这样的市场现状迫使 3C 家电品牌努力求变，一方面，品牌希望能够减少对单一渠道的依赖，在存量市场下降本增效；另一方面，品牌也希望在经营打法上求新求变，重拾品牌力。

全域经营正是解决 3C 家电行业发展瓶颈的良方。区别于过往的经营模式，全域经营模式强调以企业的数字化能力为基础，坚持"一个中心，两个整合"——以消费者为中心，整合公域私域，整合线上线下，形成生态化、一体化的交叉协同。在全域经营模式下，品牌及商家通过多渠道、多触点的整合，不仅可以减少对传统电商平台的依赖，避免"靠冲流量续销量"的窘境，而且可以围绕消费者需求提供全场景服务，挖掘消费者全生命周期价值，驱动长期、高效的生意增长。

具体来说，全域经营模式对 3C 家电行业的助力主要体现在以下两大方面。

通过精细化运营实现降本增效

3C 家电行业已经步入存量竞争新阶段，与此同时，移动互联网流量红利消退、广告投放费用整体增长等种种变化迫使 3C 家电品牌转变经营模式。全域经营模式基于公域私域和线上线下的联通，有效满足了当今企业精细化运营、精准化营销的需求，帮助品牌唤醒渠道活力，构建品牌与消费者之间可控制、低成本、可重复使用的深度连接。同时，私域积累的用户资产也能够帮助品牌更深入地理解目标消费者，一方面为公域引流提供更多有价值的投放策略参考，提高引流效率；另一方面能够指导品牌战略决策及业务优化。此外，小程序直连线下门店，能够打通门店营业的时间和空间限制，创造全新增量。

优化用户体验，驱动消费者全生命周期的挖掘

3C 家电行业客单价高，复购周期长，对线下体验、安装、售后等都有强大的刚性需求。如何围绕长线的转化链路持续触达消费者，建立品牌与消费者之间的长期连接，同时培养消费者对品牌的信任度和黏性，是品牌经营必须关注的重要问题。而在全域经营模式下，通过对私域场景的挖掘，3C 家电品牌可以有效优化消费者的后链路体验。将售后服务链路与私域相结合，品牌不但能有效降低再次触达消费者的成本，更能进一步挖掘其消费需求，带来跨品类的交叉复购、耗材复购、朋友推荐等。对于一些有志于布局智能家居生态的品牌来说，做好全域经营，可以对消费者的后续消费行为带来显著的影响。

3C 家电行业全域经营的核心打法

观察近年来 3C 家电行业头部品牌的经营布局，我们可以将它们的全域经营探索概括为两个动作：一是将线上全域经营的流量私域化，二是与线下门店深度互通。这二者是相辅相成、不可分割的整体。

3C 家电行业应该围绕品牌私域 GMV 增长、品牌私域用户资产增长、品牌用户成长体系搭建三个方向来设计顶层战略，同时通过企业的数字化全域基建，将线上的"飞行部队"和线下的"地面部队"有机整合，真正推进全域经营发展（见图 6-2 ）。

图 6-2　3C 家电品牌全域经营战略

具体而言，品牌需要重点关注布局线上全域引流和分发策略，以及打通线下门店，实现流量上涨与品牌 GMV 增长。

布局线上全域引流和分发策略

品牌通过将微信生态与各公域平台打通，将新用户与已有的存量用户引导至微信私域用户池进行沉淀，并通过一系列用户运营方法及策略，实现用户资产的全域分发与转化。

从用户运营角度来看，可以将全域的用户分成存量用户和新用户两种。

对存量用户来说，品牌可以按照用户注册未下单、下单未复购、复购多单等多种场景，有针对性地策划营销方案，利用延保服务、配件耗材、优惠券折扣等"钩子"吸引用户，并采用企业微信、社群等适配的方式将信息推送给用户，从而有效盘活存量用户资产（见图 6-3）。

图 6-3　3C 家电行业存量用户引流策划流程图

对新用户来说，品牌可以通过广告投放、裂变活动、门店海报等来触达用户，同时利用爆品、优惠券、NFT（Non-Fungible Tokens，非同质化代币）等"钩子"来吸引他们参与，将用户优先引入私域做用户培育，辅助做短平快的直购，尽可能地提高新用户群体的首单转化率。某 3C 家电品牌在 2022 年上半年结合超级会员日的营销主题融入数字藏品重磅首发形式，发放数字藏品珍稀版 8000 份、纪念版 12 000 份，并借助私域互动以及公域投放多点触达消费者，带来非常可观的增长。

在沉淀用户资产的同时，品牌可以同步做用户资产的分发及转化。一般来说，3C 家电行业每年都会有至少 2～4 场新品发售活动，在新品发售期间，品牌曝光量会大大提高，因此在此期间同步做用户资产的分发往往能够取得不错的回报。某手机品牌在 3 年内完成近 3000 万名用户资产的积累。其中，在一次新品发售期间通过企业微信触达上百万名私域用户，半个月内产生复购上万台，企业内部布局全域经营数字化转型的信心大大提高。

打通线下门店，实现流量上涨与品牌 GMV 增长

3C 家电行业大部分品牌都经历过传统的渠道驱动增长的过程，在线

下拥有大量的终端门店（直营门店或经销商门店），但随着市场大环境的不断变化，线下门店流量遭遇增长瓶颈，交易量逐渐下滑。因此，大部分3C家电品牌选择进行全域数字化转型，利用微信小程序的串联生态能力与线下门店打通。

根据品牌小程序组织结构的不同，3C家电行业线上线下的连通一般有两种模式（见图6-4）。

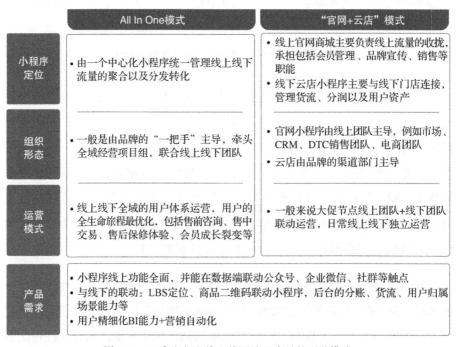

图6-4　3C家电行业线上线下连通常见的两种模式

其一是All In One（AIO，一体化）模式，即以AIO小程序为核心，主导连接线下门店，实现线上线下流量的聚合与分支转化。这一模式能够为用户带来更加优质的闭环消费体验，从而最大限度地挖掘用户的全生命周期价值，但该模式对3C家电品牌的企业协调能力、数字化能力的要求也相对更高。

下面进一步展示 3C 家电行业 AIO 模式的架构（见图 6-5）。

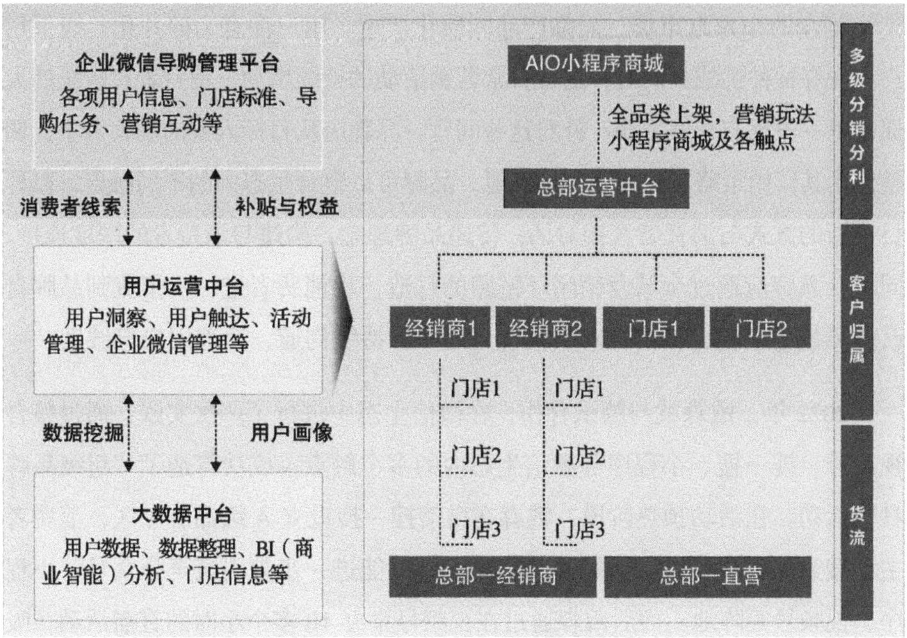

图 6-5 3C 家电行业 AIO 模式架构图

其二是"官网＋云店"模式，即官网小程序＋云店小程序。其中，官网小程序由线上部门主导，负责线上流量的收拢；而云店小程序则由渠道部门主导，负责货流、分润及用户资产方面的连接与管理。这种模式对企业的协调能力要求相对 AIO 模式更低。

3C 家电行业细分赛道的全域经营创新实践

以上述行业打法为基准，我们进一步细分行业赛道，对 3C 家电行业三个头部品牌的实战案例进行拆解，为品牌落地全域经营提供更多可探索的新方向和参考。

小家电赛道：整合生态触点矩阵，打造全域营销闭环链路

当今的小家电市场，面临产品同质化严重、用户注意力碎片化、线下用户流失等种种挑战。同时，随着日常营销活动的持续增加，消费者对传统的大促营销手段反应越发平淡。针对这些问题，品牌应从目标人群的洞察入手，调整优化其营销策略。从运营层面来看，品牌可以整合生态内的不同触点，以耳目一新的方式与消费者直接对话，传递品牌理念，构建与消费者的深度连接。同时，品牌应通过全域营销闭环链路的打造，将消费者进一步聚流到品牌自己的私域用户池，从而在未来实现与用户的持续沟通，培养用户忠诚度。

2022年，戴森就与腾讯合作，在微信生态中进行了一次实践：通过整合视频号、搜一搜、小程序等微信生态内的多个触点，成功打造了"超级品牌日"活动。在活动预热阶段，戴森在微信搜一搜设立 A 级品牌专区，消费者主动搜索品牌名称即可了解活动信息，同时能进一步被引流至公众号、小程序、视频号等阵地。而后戴森通过在视频号举办 10 多个小时的直播活动，吸引消费者了解品牌及其产品特性，并在直播中集中释放此次活动主打发售产品的创意内容。此外，戴森还联动 20 位头部 KOL（Key Opinion Leader，关键意见领袖）联合造势，策划输出多篇"种草"热文。全方位的内容和触点布局，充分调动起消费者对品牌与产品的好奇心和购买欲。

最终，活动期间戴森产品销量比 2021 年同期增长 52%，小程序会员同比增加 33%，公众号新增粉丝同比增加 312%，实现了品牌力和销售转化方面的双丰收。

3C 家电赛道：线上线下深度融合，探索智慧零售新模式

3C 家电行业消费频率低、售价高、决策周期长等特点，使消费者在决策过程中对线下体验（包括售前咨询和售后服务等方面）有较大的依赖，

这造就了该行业线下直营渠道不可或缺的重要地位。因此，对 3C 家电品牌来说，充分发挥线下渠道的价值，为消费者提供复合的优质用户体验，能够有效提升消费者的消费意愿和动力。

具体来说，品牌应该推动线上线下的深度融合。线上渠道不仅可以为线下门店带来更多客流，还能在线下消费完成后，成为导购持续跟进和服务消费者的核心场所。以此为基础，品牌可以大胆探索多样化的跨界新玩法，为用户带来更丰富的消费体验。

联想基于线上线下的深度融合，将"社交 + 娱乐 + 私域"的融合模式赋予线下门店，探索智慧零售的全新赛道。在线上，联想以微信小程序为中心，规划社群团购、快闪店（Pop-up store）、跨界组合销售等运营模式，在整合生态合作伙伴资源的同时，助力流量沉淀、渗透与转化。在线下，联想通过与腾讯游戏合作，将电竞赛事、二次元等 IP 资源融入线下场景，搭建购物区、5G 及游戏体验区和社交区，加上组织门店观赛和高校赛事等活动，为目标客群打造深度体验门店。同时，联想还与腾讯及门店周边的大学城深度合作，组建强连接、高黏性的社群，并提供创业实战课堂、带货分佣的创新机制和附加权益，鼓励大学城的学生实现微创业成长，让门店成为大学生的创业基地。

在此次合作中，腾讯为联想提供了内容、技术资源和私域运营等全方位的支持。在腾讯的助力下，联想成功围绕 Z 世代校园客群打造了一个有参与感、成长感的私域闭环场景，并以长线思维深入运营，提升目标客户的黏性和复购率，持续助力品牌高效增长。

数码产品赛道：全域生态赋能，差异化定位强化品牌力

对于单价高、复购率低、重体验、非刚需的数码科技品类，品牌往往

需要强化自身调性，从而吸引消费者甚至创造消费者的消费需求。品牌可以基于全域生态中的不同触点，打造内容自留地，一方面展现差异化的品牌定位，另一方面强化消费者的归属感与体验感。

一直以来，国内消费者对主机及主机游戏的认知较浅，市场基础相对薄弱。为了推广主机游戏的消费文化，任天堂 Switch 充分利用腾讯生态延展性强的特点，陆续布局官方小程序、搜一搜"超级品牌专区"、视频号直播，不断拓展微信全域触点，打造出一套带有品牌烙印的、完整的生态体系。品牌通过这些内容触点，迅速便捷地和消费者沟通，并持续发放粉丝福利，帮助玩家建立线上线下的主机同好社交圈。同时，这些触点也成了品牌向消费者提供便利、完整服务的媒介。品牌通过与微信生态的深度合作，打通账号体系，使消费者不仅可以通过微信账号登录平台，与微信好友一起畅玩，还能通过微信支付快速购买平台游戏会员或道具等，游戏体验显著提升。

随着品牌内容生态的逐渐完备，Switch 在国内逐渐培育起了主机游戏的消费群体，成功建立起品牌的差异化特质，也为品牌的持续经营提供了更强的增长动力。2021 年春节期间，Switch 用旗下知名 IP "马里奥"制作微信红包封面，发送给潜在用户，带来了平日 20 倍以上的自然流量，帮助公众号增加了 10 万名粉丝。这一成绩，与品牌根植于全域经营的内容生态基础建设密不可分。

案例：戴尔

案例亮点

戴尔基于微信生态，搭建了以小程序商城为核心，打通服务号、社群、企业微信、视频号、朋友圈广告等公域私域触点的全域经营阵地。作为"私域商城＋全渠道会员中心＋服务中心"，小程序商城实现了线上线下会员权益一体化，沉淀了戴尔全渠道会员，并联动社群、企业微信等其他私域触点，对用户进行精细化运营，在微信生态内形成消费者触达、互动、成交、服务的全链路闭环。通过与工厂及线下门店打通，戴尔将线上线下、公域私域的全渠道用户统一引流并沉淀至小程序等私域用户池，在有层次的私域用户运营策略指导下，有效延长了消费者全生命周期，驱动业务长效增长。

企业概况

戴尔是全球知名 PC 品牌，《财富》世界 500 强企业之一，以"直销模式"著称。1996 年戴尔创建的官网，成为当时全球最大的电子商务网站之一。1998 年戴尔进入中国，把直销、按需定制、零库存等销售方法带进中国。

从整体来看，戴尔的品牌私域建设经历了四个阶段。第一个阶段：戴尔官网。在 20 世纪 90 年代戴尔进入中国的时候，其实行的是官网直销模式，在这种生意模式下，戴尔可以与客户直接连接，于是自然而然地拥有了一部分稳定的流量。第二个阶段：以戴尔微信服务号为起点。经过多年的运营，戴尔官方及子品牌的服务号共沉淀了 600 万名粉丝，成为戴尔最早期的私域用户池。第三个阶段：开始于微信小程序的出现。戴尔依托服务商有赞的小程序，并将其与官方服务号进行打通，从而在微信生态中真正拥有了自己的交易场。第四个阶段：戴尔自营小程序。至此戴尔在微信生态中的全域经营阵地正式形成，成功打造了新的线上自营渠道，形成内容、服务、交易的生态闭环。在直销模式的基础上，戴尔在微信生态内的私域建设十分迅速，并快速在市场上形成了新的竞争力。

20 多年间，戴尔不断深耕中国市场，实现采购、研发、生产制造、服务及人才的本地化。2021 年，戴尔总营收为 1012 亿美元，创历史新高，全年 PC 出货量为 5930 万台。

需求痛点

戴尔官网是适应全球用户的传统网站，但在中国市场，移动端的体验更加重要，因此，戴尔需要一个符合中国用户使用习惯并且具有优质体验的移动端官网商城。

此外，随着移动端获客成本的不断上升，相比于依靠越来越昂贵的付费媒体维持流量和生意规模，戴尔更希望为品牌移动端商城搭建稳定的自然流量池，以降低获客成本。

优秀实践

打造小程序商城，定位"私域商城 + 全渠道会员中心 + 服务中心"

戴尔从 2021 年开始在微信生态中构建小程序商城，依靠公众号和小程序的互通能力，将沉淀在公众号的粉丝持续引流到小程序。伴随着小程序在微信中的入口不断丰富，以及用户使用小程序、搜一搜的习惯逐渐养成，这些都可以帮助戴尔获得更多自然流量，实现低成本获客。同时，小程序可以记录和分析客群信息，提高 CRM 沟通效率，这使戴尔小程序商城用户的 3 年复购率（>14%）和 LTV（>2000 美元）都高于戴尔其他渠道。但进入新的发展阶段后，如何持续高效地扩大小程序流量规模和生意规模成为戴尔亟待解决的问题。

小程序商城作为品牌的延伸，其管理者需要有产品化和用户增长思维，一方面需要知道目标用户是谁，谁会选择使用小程序商城，另一方面也需要考虑用户为何要选择小程序商城，小程序商城内的商品解决了他们哪些实际需求。

在用户方面，私域沉淀的就是品牌老客户。戴尔按照不同平台的特点采取不同的策略，在公域投入进行高效拉新，在微信私域体系形成复购，从而实现全链路组合投入的效率最大化。针对老客户的需求，戴尔在小程序上建立了品牌会员和积分系统以及售前售后服务系统，并将小程序商城定位为"私域商城＋全渠道会员中心＋服务中心"，作为戴尔全域经营的核心枢纽。

在私域商城的角色上，戴尔小程序商城内的商品品类较其他渠道更加多元，主要扩充了低价高频产品线，包括配件和服务类产品，在 PC 产品上覆盖家用和商用产品线，且主要为现货，营销活动也更为丰富，以此不断培养用户使用小程序的习惯，同时吸引更多用户在小程序商城下单。

在全渠道会员中心的角色上，戴尔打通了线上线下的会员权益系统，满足了用户在任何时候、任何渠道都享有一致性购物体验的需求。目前，戴尔小程序商城会员拥有很多专属权益，包括会员积分抵现金、小程序签到打卡享延保、会员日小程序商城专属产品外观等，不仅能带动用户忠诚度、复购率的提升，也更容易留存用户并持续培养品牌心智。

在服务中心的角色上，戴尔持续优化小程序商城的服务体验、独特功能及定制产品能力，包括线上产品保修激活、全球联保、在线售前售后技术支持、在线预约上门维修、在线查询工单状态及工程师位置和联系方式等。戴尔在服务上持续强化用户心智，并且戴尔小程序商城所搭载的售后服务相比其他渠道更有吸引力。

在开发和建立上述小程序功能和定位的同时，戴尔逐步将线下门店、电商平台等全渠道的品牌用户回收至微信服务号、小程序和企业微信。其中，最为直接有效的方式是通过在 PC 产品的机身贴上、开机软件的二维码处和包装箱中的彩页上等位置放置二维码，再通过服务、品牌会员权益吸引用户扫码。在公司高层的支持与多个部门的协调下，截至 2022 年底，戴尔回收了 80% 的全链路老客户，其中 40% 的老客户注册了小程序会员，30% 的老客户绑定了产品。

此外，戴尔线下门店有大量的有意向但没有成交的店前客流，这部分用户占到所有进店用户的 10%～25%。戴尔通过将这些高潜用户导流至私域，进行进一步的精细化运营，全面激活这类用户。这一举措的推进，得益于经销商合作伙伴、门店店员和品牌总部的多方合力。其中最难也是最关键的方法是，通过政策激励同时满足多方业务需要。例如激发经销商的大力支持，一方面可以通过下发门店管理目标和给予门店补贴的方式实现，另一方面则需要尽可能做到门店客流首单回到门店，为线下有效引流。

梳理用户与触点的匹配，有层次地运营用户

除小程序之外，戴尔在微信生态内还打通了服务号、社群、企业微信、视频号、朋友圈广告等公域私域触点，形成了消费者触达、互动、成交、服务的全链路闭环。

其中，戴尔服务号的主要功能定位为内容触达和用户沉淀。在用户沉淀至服务号后，戴尔再通过将服务号与小程序及其他触点打通，将用户导流至小程序、企业微信和社群进行精细化运营。社群则主要承载用户与品牌的互动，以粉丝兴趣为导向、以活动为依托进行用户运营，通过各种沟通和活动将普通用户发展为忠实用户。企业微信更多承载销售转化及售后服务的功能，戴尔通过企业微信提供一对一的服务，持续提升用户满意度，与用户形成长期且稳定的关系。

在微信全域触点的联动下，戴尔可以更全面地了解到各渠道的客群行为和交易情况，从而可以进行统一的用户洞察分析，构建更加完整的用户画像以及行为标签。基于这些洞察，戴尔能够优化决策，让信息发挥价值，赋能业务增长。如通过对私域用户群体行为的分析，戴尔能够获得更立体的人群洞察，从而反哺公域投放策略，提升广告效率。

如戴尔和腾讯合作建立了用户聚类和分层模型，不同模型形成对应标签，在营销云中可以组合使用。戴尔还借助营销自动化工具，针对微信生态内不同触点的特性与营销场景，在充分保护用户个人隐私的前提下，利用自动化的营销画布来分析客群行为，根据用户的不同行为和对推送内容的反馈来自动触发后续营销动作，打造精细化运营的用户体验闭环。同时，戴尔跨触点的行为洞察也支撑用户体验旅程搭建，实现各触点到销售转化的全流程评估与持续优化，驱动业务长效增长。在营销内容策略上，戴尔使用用户满意度模型，满足用户售中售后的需求和个性化体验（如产品常见问题、自助激活保修、生日关怀等）。根据用户对上述内容的反馈（如点击、进店），给用户推送更多具有针对性的营销信息，如新品上市、折扣、合适的配件升级、关注更多触点如企业微信等。

最后，在私域团队的人员能力方面，戴尔分别配备了商城运营人员、活动营销和运营人员、会员运营人员、产品经理和数据分析师等。其中，会员运营人员、产品经理和数据分析师是最重要的私域人才。此外，戴尔还建立了标准化报表来管理不同团队的 KPI，保证各团队的协同运营。目前，戴尔在全域经营上已经取得了阶段性成效。

数据成果

- 截至 2022 年底，戴尔积累了超 600 万名粉丝。在小程序商城上，戴尔拥有 340 万名会员，2023 财年会员数量比 2022 财年增长 62%。其中，共有 130 万名老客户复访，老客户人均访问 12 次，自然流量同比增长 108%。

案例：联想

案例亮点

联想通过一个线上小程序商城，实现上千家线下门店的新零售转型，搭建了一个平台化线上线下融合的新连锁体。2020 年双 11 期间，"联想乐呗"小程序商城接待超过 28 万名用户，小程序商城销量同比增长 10 倍以上；2020 年 12 月 8 日联想联动经销商打造春晚级直播，创下 2 小时内 1.2 亿元 GMV 的辉煌战绩。

企业概况

作为 PC 行业头部企业，成立于 1984 年的联想集团引领了中国市场 IT 零售的多次变革浪潮。在新一轮零售数字化浪潮中，联想经过多次迭代优化，逐步形成了一个线上线下融合、品牌商与渠道商协同运营的 OMO 平台。

需求痛点

在零售数字化变革中，一方面，传统代理商生意模式，面临着线上流量获取成本高、线下门店客流分散、客户管理能力不足、品牌与消费者之间没有连接、运营效率低下等问题；另一方面，随着新生代消费主力人群的成长，消费者与企业之间的关系逐渐从企业选择消费者转变为消费者选择企业，消费者的需求与体验成为企业关注的核心，尤其是 3C 家电这类售价高、消费频率低的行业，更需要思考如何将"以消费者为中心"落到实处。

联想希望通过与腾讯合作，建立有效的经销商管理体系，赋能线下门店以获得更多流量，提升消费者经营和服务能力。同时，通过微信私域这个去中心化的平台，加强与消费者的互动与沟通，探索和沉淀品牌零售能力，助力联想集团完成零售能力的升级，实现业绩的全域持续增长。

优秀实践

经销商数字化：总部多维度赋能经销商，借助小程序开启线上直播

早在 2019 年 6 月，联想就上线了"联想乐呗"小程序商城，并尝试门店小程序直播，积累了半年的链路经验。新冠疫情期间，联想鼓励门店及经销商借助小程序开启线上直播，吸引了近 800 家门店进驻"联想乐呗"，最高峰时共有 230 家门店同时进行直播。下面我们将从组织力、产品力、商品力、运营力四个方面总结联想在经销商数字化方面的经验。

▶ 组织力：高效合理的流量、利益分配机制促进全渠道共同发展

为了更好地激发经销商使用联想乐呗小程序商城的积极性，一方面，联想重新设计了流量分配机制，优先根据经销商门店的地理位置、服务内容等进行流量分配，避免了不同经销商之间的竞争；另一方面，在由联想牵头整合资源的大型活动中，经销商分享的引流二维码中带有参数，可以准确识别并将最终业绩分配到相应的经销商与门店，高效合理的分佣与分润机制也进一步提升了经销商及门店的参与热情。

▶产品力：后端工具助推线下门店数字化零售能力建设

联想的云仓直发模式可以帮助入驻联想乐呗小程序商城的经销商实现线上销售。消费者通过任意门店在联想乐呗商城下单，云仓都可以直接发货，减轻了门店在库存、资金占用和履约交付等方面的运营压力。同时，微信支付体系的即时自动分账功能可以帮助企业完成利益分配，将成本自动分账至联想，利润全部留归经销商。除了基本的交易功能，微信支付还会协助联想乐呗小程序商城进行营销。比如针对消费者发放优惠券，一方面对目标人群进行精准传播，另一方面通过可追踪的闭环营销，拉动流量与销售额。

▶商品力：云上商城实现 SKU 灵活调整及展示

通过联想乐呗小程序商城，联想去中心化地调整了总部和门店的关系，打通了后端供应链。首先，合作门店可根据自身经营情况在联想乐呗小程序商城商品中心库自主选择 SKU、上下架产品。除在售商品外，门店还可选择云仓中的长尾商品，由总部进行云仓发货。其次，联想乐呗小程序商城打破了线下门店的商品陈列局限，扩展了门店 SKU，满足了用户多样性需求。最后，联想还结合联想乐呗小程序商城的"发现"板块，将数码产品的参数陈列转变为生动有趣的产品体验分享，为消费者营造极致体验，让消费者在学习知识、了解产品优势的同时做出消费决策。

▶运营力：小程序赋能门店提升运营能力

作为数字化零售策略的核心承载点，联想乐呗小程序商城拥有近百种营销工具，如通过抽奖、大转盘、刮刮卡等形式发起促销，利用激励体系鼓励用户参与晒单评论，与小程序商城中的同行进行异业合作，发券引流等，门店可随时申请发起符合自身需求的营销活动，做到千店千面的个性化营销。

值得一提的是，联想将周三福利日和周五服务日作为一种常规的活动运营手段，融入日常运营动作，帮助线下门店提升零售能力。福利日、服务日贯穿线上小程序商城和线下门店，品牌团队会提供统一标准的会员运营、售后服务支持，解决门店福利差异化、售后服务水平参差不齐的难题。门店则负责做好宣传和介绍，承接品牌团队标准化能力的应用。在该运营手段下，联想一方面能通过活动引导消费者行为习惯的养成，加强消费者在小程序渠道的消费心智；另一方面把这些常规手段应用到小程序运营中也从侧面反映了联想乐呗运营团队的完善和成熟。品牌对小程序渠道的认可和投入换来了联想乐呗的高速增长。

营销数字化：线上线下同步发力，打造"社交 + 娱乐 + 私域"融合新模式

除了在经销商方面的数字化探索，联想还在营销数字化上同步发力。其中，联想在线上通过联动经销商打造春晚级直播，创下 2 小时内 1.2 亿元 GMV 的辉煌战绩。线下布局创新社交体验店，探索会员、社交、体验的未来，打造线上线下"社交 + 娱乐 + 私域"融合新模式。

▶ 线上：公域私域联动引流，达成 2 小时 1.2 亿元 GMV

（1）筹备期：品牌方统筹、经销商联动扩大传播声量。

2020 年 12 月 8 日，联想联动经销商打造了一场春晚级直播。在直播筹备阶段，联想品牌团队负责发起活动创意和规划，确定线上宣传内容，以提升媒介传播效率；经销商则负责配合线下媒介宣传，借助门店和导购资源，完成对品牌用户的全渠道覆盖。官方统筹精品素材输出保障了素材质量和传播质量，5 天内共计输出 96 份素材，其中包括图文海报 73 张、长图 2 页、公众号软文 3 篇、短视频 19 条，涵盖了大咖"安利"、利益说明、产品卖点、战区打 call 等各类内容。统一的素材以及预热排期统筹管理扩大了传播声量，最终达成预热期间曝光量 8000 万、单日 UV 490 万的好成绩。

同时，联想结合线上 PO（Persistent Object，持久对象）大盘数据以及联想乐呗小程序商城历史销量对产品销量进行预估，提前沟通以保障产品供应，确保直播期间供需匹配。

（2）动员期：公域私域联动，品牌与经销商配合共同引爆流量。

在直播宣传动员期间，联想通过公域私域联动的方式引爆流量。通过微博等社交媒体平台，以及内部员工、经销商推广等方式广泛触达消费者，并针对会员人群，采用短信、平台信息推送的方式进行精准投放。在微信内，联想借助社群转发、朋友圈广告、公众号推送以及联想乐呗小程序商城一键转发功能进行推广传播。

官方品牌部门的活动策划及媒介宣传主要以获取流量为主，经销商及门店则尽可能引导消费者在联想乐呗小程序商城成交，完成流量承接和转化。联想通过"传播＋活动"蓄客预热，整个动员期传播共覆盖超 8000 万名消费者，有效触达消费者 3100 万名，实现公域私域协同爆发，"覆盖面＋效率"兼顾的落地效果。

（3）直播期：明确客户群定位，以比赛形式调动经销商积极性。

在正式直播期间，联想针对客群特点进行精准定位及细分，并以此推出了多样化的产品组合。比如在产品选型上，联想根据客户群的细分，尝试了 4 套组合产品的关联销售。同时，直播间还强调多角度场景布置、现场放置数据大屏实时对接，营造火热直播氛围。在内容上，嘉年华的直播形式也受到了广大观众的欢迎。最终，整场直播累计点赞数 79 万，评论数 26.5 万，赞评比相比"618"增长了 247%。直播 2 小时内共吸引 141 万名用户观看，GMV 高达 1.2 亿元。

在整个活动期间，联想全国 3000 多家门店形成私域流量共振，活动组委会还采取荣誉竞赛的方式调动各代理经销商团队的销售积极性。参与"128"直播的门店、大区均要参加观看人数和店铺 GMV 的评比。同时，现场滚动大屏实时播报各战区、门店的成绩，最大限度地调动了现场各代理经销商团队的积极性，整个活动中，代理商销售贡献度达到了 87.3%。

▶ 线下：创新线下社交体验店，探索会员、社交、体验的未来

联想于 2021 年 5 月在成都打造首家"联想 U 店"线下创新门店，将主要目标放在 Z 世代校园人群，同时整合腾讯游戏和电竞赛事、二次元等 IP 资源，围绕产品与服务搭建品质购物空间。线下门店布局主要从目标客户群体兴趣主线出发，搭建泛娱乐社交话题和场景，打造深度体验空间（如社交连接据点、萌宠话题发酵地等），帮助提升门店客流量和社群活跃度。

在社交融合方面，联想搭建客户群体赋能平台，例如与腾讯智慧零售联合组建强连接的超级社群" U FRIENDS 创造营"，整合校园 KOC（Key Opinion Consumer，关键意见消费者），以实战课堂赋能大学生成长历练及商业变现，并引入带货分佣的创新机制及丰厚的附加权益，赋能大学生群体，帮助他们实现微创业成长。

联想通过打造"天网"（线上平台）、"地网"（线下门店）和"人网"（超级社群）三大阵地，构建起以小程序、公众号和视频号为核心，以超级社群为载体，从公域流量运营向私域流量沉淀的转化模式。叠加腾讯智慧零售在内容、技术资源及私域运营方面的助力，联想最终打造了"社交＋娱乐＋私域"的新融合模式，探索智慧零售新赛道。

数据成果

- 经多次迭代，联想逐步形成了一个线上线下融合、品牌商与渠道商协同运营的 OMO 平台，即"联想乐呗"小程序商城体系。仅用一年时间，联想乐呗小程序商城就完成了从 0 到 7 亿元的 GMV 起盘。2020 年双 11 期间，联想乐呗小程序商城接待超过 28 万名用户，销量同比增长 10 倍以上。

- 2020 年 12 月 8 日，联想联动经销商打造春晚级直播，创下 2 小时内 1.2 亿元 GMV 的辉煌战绩。

案例：vivo

案例亮点

作为知名手机品牌，vivo 持续推进体系构建，深耕消费者需求，积极融合线上线下渠道。2021 年，vivo 通过企业微信激发终端门店活力，提高管理效率赋能导购，实现了全国 20 多万家门店的数字化，让 7 万多名线下导购成为"超级节点"。与此同时，vivo 公域私域协同作战，全面盘活线上线下流量，将微信平台作为营销主战场，借助各种工具充分玩转微信生态，开辟智慧零售新模式。

企业概况

vivo 创立于 2009 年，是一家以智能终端和智慧服务为核心的科技公司，现已进驻 50 多个国家和地区，覆盖全球 38 万个线下销售及售后网点和逾 3 亿名用户。vivo 自 2019 年开始布局私域，以微信流量赋能售后服务。2020 年，vivo 手机全球出货量达 1.12 亿部，国内市场份额稳居行业前二。

需求痛点

手机行业的主要痛点为在存量时代下，行业内竞争激烈，产品核心宣传功能差异点少，线上零售推广的发布—预售—销售流程雷同，而线下门店的重心依旧以购机为主，未添加服务属性以实现用户咨询—购买—售后的全流程体验优化。

对 vivo 而言，其痛点还在于虽然拥有 20 多万线下门店，但对经销商的管理较为低效，且未对亿级规模的用户进行精细化运营，难以盘活线下门店用户。

因此，vivo 希望借助企业微信更好地连接用户并为其提供优质服务，赋能导购高效转化，构建自己的私域流量池，应对流量成本高的挑战，形成自己的营销及增长新模式。

优秀实践

作为中国知名手机品牌，vivo 始终深耕线下渠道，深入四五线小城市，持续为消费者提供一站式服务体验。随着手机行业由增量竞争转向存量竞争，vivo 持续推进体系构建，深耕消费者需求，积极融合线上线下渠道，探索新的零售模式，形成消费升级趋势下的智慧零售新布局。

企业微信激发终端门店活力，提高管理效率以赋能导购

尽管 vivo 在线下坐拥 20 多万家门店与亿级规模的用户量，但这些用户的数据都分散在各个门店的导购手中，vivo 始终难以对线下渠道资源进行

有效整合和盘活，对线下渠道的管理、与线下渠道的沟通同样存在障碍。通过企业微信，vivo 将代理商、门店、导购、用户，一同引导至线上平台进行一体化运营，实现了与门店、导购和消费者的高效沟通，以及线下门店的数字化。经过一年多的努力，vivo 已通过企业微信覆盖了 7 万多名导购，并沉淀了 2000 万名用户，在行业内遥遥领先，成功构建起自己的私域流量池。

在服务消费者方面，消费者在添加导购企业微信后即能享受一对一的专属顾问服务，由专属顾问解答消费者的问题，使消费者与品牌的连接更有温度。消费者有购买需求时，可以在线上填写手机购买意向单，随后会由相应的导购进行对接，后续还可由导购引导至线下门店进行新机体验，满足对实际功能体验的需求。在赋能导购方面，vivo 线下导购可以直接生成专属二维码，通过引导消费者扫码将线下的消费者信息线上化。在消费者购买手机的同时，即完成核销，实现导购奖励的发放，有效激发导购的积极性。同时，企业微信还不断赋能 vivo 存量用户的经营，提升品牌与用户间的沟通效率与连接力。一直以来，vivo 都会在购机满 7 天的时候，向用户收集使用反馈意见。以往通过手机弹窗方式询问时用户回复率不到 0.1%，但是当 vivo 导购在企业微信上直接询问用户时，用户回复率却接近 100%。

巧妙利用搜一搜工具，实现用户互动新玩法

在构建起以企业微信为核心触点的私域用户池后，vivo 还将微信平台作为营销主战场，借助各种工具玩转微信生态零售新模式。在 2021 年 7 月的 vivo S10 营销活动中，vivo 巧妙地利用了搜一搜品牌专区功能来承载新品营销活动。

▶ 预热期：微信搜一搜抽奖小程序宣传引导预约

在活动预热期间，vivo 通过搜一搜抽奖集卡活动吸引用户预约观看视频号直播。用户在微信搜一搜界面搜索"vivo S10"或者"vivo"便可看到小程序入口界面，在授权登录后即可打开口令集卡页了解详细活动规则与活动奖励。关于口令获取，vivo 共设置了三种方式，分别为：①直接点击获取；②预约视频号直播，关注 vivo 公众号后获取；③邀请好友助力后获取。用户在集齐"你""好""vivo""S10"4 个口令后即可参与抽奖活动。活动期间，vivo 集卡小程序总 PV 达到 138 万，通过这一创新玩法，vivo 实现了直播引流宣传及公众号增粉，并为新品发布提前预热造势。

▶ 发布会期间：微信搜一搜抽奖组件提升搜索量

在发布会当天，腾讯协助 vivo 将抽奖组件直接设置在搜一搜"超级品牌专区"，用户无须跳转即可打开界面参与抽奖，从而引导用户进行搜一搜抽奖，以此提升品牌及产品相关搜索量。在 12 个小时的活动时间内，vivo 每小时都会抽出 9 位幸运用户，累计送出 36 台手机与 72 部耳机，奖品价值超 10 万元。除了方便用户在品牌专区界面利用抽奖组件进行抽奖外，搜一搜界面还可直接引导用户跳转至小程序，并借助这一方式实现小程序引流及产品预售转化。凭借便捷的工具组件与丰厚的奖品激励，在 2021 年 7 月 15 日发布会当日，"vivo"品牌词 + 产品词搜索量较预热（7月 8 日）首日提升了 8 倍以上。

▶ 发布会后：微信搜一搜助力公众号抽奖曝光，预售信息延续热度

在发布会开始及尾声阶段，vivo 都会在直播间利用发布会压屏条文案及嘉宾口播的方式，引导用户在发布会后搜索"vivo S10"并关注 vivo 公众号，参与 24 小时不间断的 vivo S10 抽奖活动。用户搜索"vivo S10"后，即可在搜一搜界面看到抽奖活动 banner（横幅），点击 banner 后出现的活动介绍界面会直接将其引流至 vivo 公众号，在模板消息的引导下，用户关注公众号并回复关键词可进行抽奖。借助搜一搜功能组件，vivo 在

2021 年 7 月 15 日发布会当日引流预售 PV 超 5 万，有效实现了预售信息曝光，并延续了搜索热度。

打通"视频号 + 朋友圈"的微信生态链路，打造直播新模式

在 2020 年 12 月的 vivo X60 发布会直播中，vivo 将视频号也纳入了新品上市营销链路。预热期在视频号平台发起"＃告别 2020"话题，联动多位央视主持人及各领域 KOL，通过公众号、视频号等多个渠道引导直播预约。

在直播当天，vivo 通过微信公域和私域同步为直播引流和拉动关注度。在公域，vivo 通过朋友圈广告推广，将用户直接引导至视频号直播间，实现广告曝光次数超过 6000 万，广告互动人数超过 40 万。在私域，vivo 全面调动员工、导购和经销商对视频号直播进行点赞、转发、分享，借助社交扩散让直播覆盖更广泛的用户人群。通过公域私域协同作战，最终整场直播观看人数超过 30 万，引流成本低于行业均值的 60%。

在新机正式开售阶段，vivo 借助朋友圈扭转式卡片广告，以新鲜的方式与用户互动，用户可直接通过朋友圈广告跳转至小程序商城购买。此外，vivo 还邀请科技、摄影、旅行、时尚等领域的 KOL 在视频号上进行开箱测评活动，更全面地展示产品的功能卖点，激活新机销售转化。在视频号中，将小程序和小商店打通，可以实现让用户边看边买，快速转化。最终，本次活动共吸引 2500 多名达人和用户参与，发布 3000 多条相关短视频内容，累计曝光 1300 万次，影响用户超过 1000 万人。

在竞争激烈的手机行业，如何对广大经销商门店进行有效管理，赋能基层导购，沉淀品牌用户资产，是各大品牌面临的一大难题，vivo 在该方面的成功经验对于 3C 家电行业的线下数字化转型具有借鉴意义。另外，

对于如何有效利用沉淀下来的私域流量，巧妙利用微信生态内的工具，盘活线上线下流量，打通微信生态营销链路，进而打造营销增长新模式，vivo 也给出了自己的答案。

数据成果

- 2021 年，vivo 通过企业微信实现全国 20 多万家门店数字化，累计沉淀用户 2000 万，赋能 7 万多名线下导购，让导购成为"超级节点"，取得粉丝量同比增长 25%、粉丝活跃度提升 4 倍、复购率翻倍的成绩。

- 公域私域协同作战，全面盘活线上线下流量，vivo 充分利用微信社交平台属性及工具进行多场新品发布活动。其中，借助搜一搜功能组件，vivo 在 2021 年 7 月 15 日发布会当日引流预售 PV 超 5 万，有效实现了预售信息曝光，并延续了搜索热度。借助"视频号 + 朋友圈"，vivo 在 2020 年 12 月的新机发布会整场直播观看人数超过 30 万，引流成本低于行业均值的 60%。

| 第 7 章 |

生鲜商超行业的全域经营打法与案例

生鲜商超行业的发展趋势

随着商超模式的固化、新业态的兴起，逛超市的人变得越来越少，生鲜商超行业的市场格局已经发生了变化。增长乏力、业绩下滑、亏损扩大、关店频繁，成为商超行业的常态。欧睿（Euromonitor）统计数据显示，2021 年，中国商超市场规模超过 3 万亿元，但市场整体增长乏力，2018～2021 年的 CAGR（Compound Average Growth Rate，年均复合增长率）仅为 2.6%，其中大卖场业态同期 CAGR 为 –0.4%。同时，中国实体门店的客流以每年 5%~8% 的比例下滑，2021 年，68.39% 的商超企业客流量同比下降。

但这并不意味着消费者需求消失，而是催化着新的机遇。越来越多的生鲜商超企业开始发力线上，拥抱私域，以对冲线下客流量下降的风险，承接和满足原有部分客群的线上购物需求，同时进一步吸引年轻消费者。观研报告数据显示，2017～2021 年，中国生鲜电商市场一路高歌猛进，规模从 903.4 亿元激增到 3117.4 亿元，CAGR 高达 36.3%。中国连锁经营协会发布的《2021 超市业态调查快报》也显示，2021 年，78.5% 的超市企业线上销售额同比增长，八成超市企业线上销售占比稳步提升。

此外，生鲜商超企业的经营模式也由单一业态逐渐转向多元业态共同发展，线上电商、前置仓、社区团购、社区生鲜店等新兴业态不断涌现，以更好地顺应消费者需求的变化，并以更精准的商品组合和营销渠道实现与消费者的交互。

整体来看，生鲜商超行业竞争日益白热化，企业开始加速寻找新增量。增强私域运营能力、推进全域经营，成为生鲜商超企业的共识。

生鲜商超行业全域经营的难点

相较于其他行业，生鲜商超行业私域建设起步较早，加之受新冠疫情的影响，生鲜商超行业私域发展迅速，大量商家逐步完成了从线下到线上、从公域到私域的用户资产沉淀。据腾讯智慧零售统计，截至 2022 年 7 月，生鲜商超行业中与腾讯智慧零售合作的品牌及商家已经积累了 1 亿名小程序用户、5000 万名公众号粉丝、3000 万名社群用户，交易规模超 320 亿名。其中，头部生鲜商超企业的线上生意体量已经很大，腾讯智慧零售服务的领先超市企业的私域 GMV 占比高达 20%，小程序是这些商家布局私域的重点。

如今，生鲜商超行业私域建设已进入高速发展期，生鲜商超企业对私域的态度已从过去的"要不要做"转变为"怎样才能做得更好"，对私域的理解也从最开始比较初级的消费者运营转变为培养与消费者之间长远和忠诚的关系。全渠道业务发展成为生鲜商超行业的标配，从私域建设到全域经营的进化正在悄然发生。但对于如何做好全域经营，生鲜商超企业还面临着诸多问题。

在数字化战略方面，大多生鲜商超企业对全域经营的战略认知不够。全域经营不是为了赶时髦、追风口，如果没有想清楚为何需要全域经营，企业由私域到全域的转型升级将很难有所收获。不少生鲜商超企业由于缺少科学有效的战略规划，在全域经营的摸索中举步维艰，急需具有指引性、可参考的系统性方法论指导。

在数字化运营方面，随着生鲜商超线下客流量的下滑，以及线上平台公域流量的见顶，企业需要新的模式来进行用户运营，需要通过私域阵地实现流量的持续引入。同时，由于很多企业依旧停留在让消费者加好友、进社群，给予一些活动福利等方法上，导致用户数据有效沉淀较少，无法真正了解和洞察消费者，也无法在运营上做到有数可依、有的放矢，更别提反哺业务优化。企业私域的价值无法得到充分释放。

在数字化工具方面，生鲜商超企业业务不断丰富、种类增加，对基础系统的要求持续提高，降本增效的诉求也不断升级，各业务环节都缺少相应的数字化工具。比如，随着用户消费渠道的碎片化和多样化，许多用户数据零散地分布在各个渠道，数据来源庞杂且清洗困难，如何将企业不同渠道的数据链路打通，采集、处理并运用好全域用户数据，就成了一大难题。

在数字化团队方面，全域经营需要企业从上至下各个部门协同合力、全情投入，全面连接并整合经营资源，但生鲜商超企业由于一线员工数量庞大，员工流动率高，组织较为分散，同时部门和团队之间的协同效率也不够高，上下游之间的分工可能存在灰色地带。此外，在全域经营方面，相关的运营人才短缺，很多员工也缺少私域、数据等新型技能、经验与动力，企业虽然渴望布局全域，但往往无所适从。

生鲜商超行业全域经营的核心打法

面对复杂多变的行业环境，全域经营是新流量生态下最大的确定性之一。对生鲜商超企业来说，掌握全域经营的核心打法，才能更好地在不确定的行业环境中实现盈利增长。

基于腾讯智慧零售与头部生鲜商超企业的合作经验，建议品牌商和零售商在推进全域经营的过程中，重点思考三个核心问题：

- 如何提高在公域中的获客效率，并将目标消费者引流至私域？

- 如何通过私域的精细化运营，提升消费者黏性及复购率？

- 如何发挥私域数字资产价值，反哺公域运营提效？

下面总结分享部分领先生鲜商超企业在全域经营方面的一些核心策略及打法，供更多企业借鉴。

打法一：全渠道会员运营，数据驱动的精细化运营

从线下为王的生鲜商超萌芽期，到争抢线上场景的生鲜电商爆发期，再到如今线上线下全面融合的全域经营探索期，生鲜商超行业的本质都未改变，都是基于用户消费场景满足消费需求。

然而，如今消费者的需求变得更加多元化、碎片化，对满足消费需求的即时性要求也很高，而移动互联网又加速了消费场景的变换，使整体呈现出消费链路复杂且个体偏好差异大的特征。

生鲜商超企业可以通过全渠道运营，实现线上线下渠道的"资源共振"，创设更多消费场景，让消费者可以自由选择在线下门店，或者在线上多个平台和渠道进行购物。同时，通过搭建全渠道会员体系，对线上线下全部渠道的会员进行整合，沉淀出统一的、全域的会员数据，方便企业进行后续的有效触达和精细化营销。

其中，全渠道会员运营成为生鲜商超行业的重要发展趋势，也是企业推进全域经营的重要抓手。生鲜商超行业全渠道会员运营常见问题及行业领先者会员体系如图 7-1 所示。

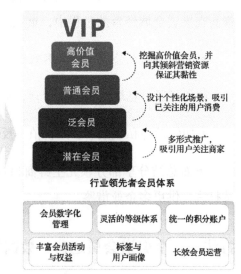

图 7-1　生鲜商超行业全渠道会员运营常见问题及行业领先者会员体系

腾讯智慧零售可以为商家提供包括会员咨询设计、会员系统支持、会员体系搭建、会员营销应用在内的全渠道会员运营支持（见图 7-2）。其中，腾讯企点营销能够有效识别用户 ID，实现数据整合，并借助营销自动化能力实现千人千面的内容推送，真正实现对不同渠道会员的精细化运营。

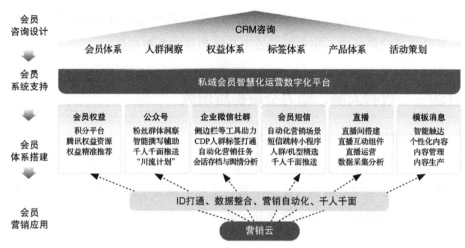

图 7-2　腾讯智慧零售全渠道会员运营支持一览图

国内某知名商超企业布局私域较早，社群体量行业领先，但用户整体留存率与活跃度不高。腾讯智慧零售团队通过分析该商超企业用户的消费水平及访问频次，建议对用户进行分群运营，并且针对不同的群设置不同的策略，最终实现了用户运营的整体 ROI 显著提升。

某知名会员制超市为应对行业竞争加剧，重新调整会员制度，并借助腾讯数据能力和会员标签体系，大幅提升了其全渠道会员渗透率与续卡率。

打法二：联域共营，实现流量价值更大化

随着生鲜商超企业私域实践向纵深推进，企业私域建设的目标已从简单的小程序商城搭建升级至全域的体验提升。线上和线下、公域和私域、品牌和渠道等多种联动运营成为新的发展方向。

以品牌和渠道的联动为例，整个行业内的私域互通、联域合作正在形成趋势。生鲜商超企业可以通过异业合作、联合造节、共享数字化工具、

门店联合直播等形式，互为公域与私域，进行私域用户的共同运营，全面拓展品牌的交易场景，实现渠道效率升级和品牌升级双赢。

打法三：数智大脑，助力全域提质增效

生鲜商超行业私域发展起步很早，如今已迈入深水区，生鲜商超企业需要从线上零售渠道的数字化探索，转向线上线下全渠道的数字化融合赋能。打通全渠道数据分析、决策、交互，成为生鲜商超企业关注的重点。企业可以通过应用相关数字化工具，形成数智大脑，驱动业务增长与创新。

具体而言，企业可以通过运用好以下几类数智化工具，为全域经营提质增效。

数字化选址

对生鲜商超企业来说，线下依然是业务的主要来源，门店选址对全域经营有着非常重要的作用。借助数字化能力实现智能选址，已经成为商家开店的新选择。

腾讯推出的轻咨询、产品化的解决方案——有数方略，可以帮助企业升级数字化选址流程。生鲜商超企业可以基于腾讯大数据分析和建模，获得更全面的生意视角，在人群聚类、潜在客户渗透等方面获得洞察，为渠道优化和门店布局提供有价值的参考，进而强化渠道效能。

CDP（客户数据平台）

一直以来，传统商超行业都苦于数据孤岛，缺乏有效的全渠道数据集中分析处理能力。这也是企业推进全域经营必须要解决的关键问题。CDP

作为客户数据的统一整合平台，可以帮助企业采集、清洗、整合并打通不同场景的客户数据，构建灵活的标签与画像体系，并应用于媒介投放优化、目标人群深入洞察、及时准确分析决策等多场景。

以一个常见的应用场景为例，借助 CDP，企业可以将公域广告投放内容、用户行为和转化数据拉通，全面分析不同渠道的流量情况，包括沉淀至私域的用户的群体特征。这些数据分析不仅可以进一步帮助优化企业公域投放的渠道选择、素材制作、人群定向等，也能为私域运营提供有价值的指导。

MA（营销自动化）

如今，生鲜商超行业流量红利逐渐消失，营销成本居高不下，有效销售线索的获取难度越来越大。借助 MA，企业不仅能够有效整合线上线下所有营销渠道，构建适配各渠道营销获客的场景，打通营销触点，还能洞察消费者行为轨迹，挖掘出高价值销售线索，通过数据驱动形成有效闭环，赋能企业高速增长。

以生鲜商超行业商家的官方小程序为例，商家基于消费者浏览、交互和交易等行为数据分析，可以有效洞察消费者的真实需求，进而借助 MA，实现千人千面的页面设计或商品推荐，并通过更加定制化的内容，增强用户黏性，提升转化效率。

案例：钱大妈

案例亮点

依托微信生态，钱大妈梳理内外部所有渠道，将全域的用户导流进私域，并通过企业微信打通线上线下私域场景，持续推出强交互、高黏性、快速触达、更易变现的私域流量玩法，在提升用户黏性的同时，进一步强化了其"不卖隔夜肉"的品牌形象。

企业概况

作为"不卖隔夜肉"理念的创造者和社区生鲜连锁品牌的开拓者，钱大妈成立于2012年，通过尝试和验证"日清"模式及"定时打折"清货机制，钱大妈从新鲜角度重新树立传统生鲜行业的标准，对肉菜市场进行重新定义，全方位保证每一份肉菜的品质。

经过十年的稳健运营和高速发展，钱大妈已成为社区生鲜行业的领军品牌。截至2022年12月，钱大妈已在全国30多座城市进行布局，门店总数超3000家，服务家庭超1000万户。

需求痛点

钱大妈的商业模式是以线下门店为主体进行服务承接的，一旦用户离开门店，品牌和用户的互动与连接就会结束。为了延长服务用户的时间与拓展服务用户的空间，钱大妈在线上场景基于小程序为用户提供了会员、电商等服务，打破了线下门店营业时间、交互空间、SKU数量等的限制，但对更注重"看得见摸得着"的消费体验的核心用户群体而言，小程序的体验和用户活跃度仍有待提升。

为此钱大妈需要拓展一个新的场景，来承接线下线上无法覆盖的服务，以更好地维系客户。基于内部的数据分析和模式探索，钱大妈把这个"战场"定在了企业微信。

优秀实践

全域引流，赋能门店业绩提升

对以线下门店为主体进行服务承接的钱大妈来说，为门店引流是线上推广的核心需求之一，而进一步打通线上线下渠道，则是顺应生鲜零售行业全渠道融合发展的大势。

为了把私域做大，让单店提升转变为全盘提升，钱大妈梳理了内外部所有渠道，制定了从全域导流至私域的规划。钱大妈将渠道分为线上及线下两部分：线上，整合内部现有的公众号、小程序和视频号，以及外部的微信搜一搜等渠道，把客户引流至私域；线下则作为主战场，通过铺设 POP（Point Of Purchase，卖点广告）、收银小票广告和门店电视广告，把门店客户引流至私域。

客户进入私域后，钱大妈通过周二会员日等权益吸引客户留存，然后借助数据分析了解客户的购物偏好，而后再进行商品精准推送，引导客户线上下单、线下提货，从而实现私域流量反哺门店，赋能门店业绩提升。

打通线上线下场景，使流量有效沉淀为私域资产

在庞大流量的基础上，钱大妈进一步探索微信生态的潜力，提升运营力，使流量有效沉淀为私域资产。

▶组织、运营保障，打造企业微信主战场

首先，钱大妈任命有着零售平台企业微信实战操盘经验的负责人牵头，搭建了负责整个企业微信体系的私域团队，并具体划分出负责企业微信社群的拉新、留存、转化以及数据运营等的职能小组，为企业微信运营提供了坚实的组织保障。其次，钱大妈明确了总部和门店各自的分工定

位，由总部负责数据分析和制定任务 SOP，再由门店做最小限度的必要执行，并且门店需要直观了解每一个企业微信动作所带来的直接结果。这样一来，钱大妈就可以最大限度地发挥企业微信的触点作用，持续强化"不卖隔夜肉"的品牌形象。

▶多元社群玩法创新，提升用户黏性、树立品牌形象

钱大妈的私域团队在数据分析中发现，企业微信社群的转化优于一对一私聊。不同于重视一对一转化的美妆、汽车等其他行业，生鲜平台做的是高频低客单价的刚需生意，街坊邻居在群里讨论"今晚做什么菜"的烟火气，有助于促进用户购买转化。

因此，钱大妈依托企业微信持续加码社群运营，与用户建立起更直接、更紧密的联系。在私域会员社群里，钱大妈门店店员会发裂变红包类优惠券，并通过日常问候、实时推送当日菜品、分享挑选菜品知识等多种方式，在潜移默化中让更多用户成为忠粉。同时，每天下班前，钱大妈门店店员还会将店铺清空的货架图片发到群里，用实际行动践行"不卖隔夜肉"的口号，进一步夯实其品牌形象。

钱大妈还推出了"社区拼团"玩法，通过用户的口口相传，吸引越来越多的新老用户购买新鲜食材、享受优惠价，助推门店销量显著提升。另外，钱大妈通过挖掘社群活跃用户，使之认同社群的理念和模式，把他们培养成为社群中的 KOL，形成核心用户引领普通用户也成为核心用户的良性循环，打造了一个成熟的私域社群运营机制。

通过这一系列的操作，钱大妈以强交互、高黏性、快速触达、更易变现的私域流量玩法，不仅塑造了一个热心的、有着丰富生活经验的"买菜达人"的形象，而且凭借私域流量运营建立了更紧密的客户关系，打造了流量交易闭环，实现了私域运营的长期价值。

数据成果

- 2022 年某阶段的数据统计分析显示，通过私域社群运营，钱大妈线上成交有效提升了 45%，而且客户去门店提货时，有 35% 的人又在门店进行了二次消费。

案例：永辉超市

案例亮点

随着数字化转型的加速，永辉超市通过全面打通 app 与小程序体系，以及独特的组织结构，夯实了"私域四力"，也大大提升了全渠道竞争力。基于此，永辉超市在客户全生命周期中做好精细化分层运营，使得新客户、高潜客户、流失客户都能发挥更大的价值，提升消费频次和复购率。

企业概况

永辉超市成立于 2001 年，2010 年在 A 股上市，是中国企业 500 强之一。作为国内零售行业的龙头企业之一，近年来永辉超市持续围绕"以生鲜为基础，以客户为中心的全渠道数字化零售平台"的战略定位，全面提升经营质量，推动有质量的增长。目前，永辉超市已在全国拥有超千家连锁门店，业务覆盖 29 个省份近 600 个城市，经营面积超过 800 万平方米。

需求痛点

受宏观大环境的影响，生鲜商超等实体零售的线下客流量逐渐减少，在新冠疫情严峻时期甚至出现"关店潮"现象，如何通过数字化转型，增加线上线下全渠道优势，成为永辉超市的迫切需求。同时，伴随数字化进程的加快，商超企业由单一业态向多元业态快速发展，如何更好地顺应消费者需求的变化，实现消费者全生命周期精细化运营，也成为永辉超市的主要诉求。

优秀实践

全面提升"私域四力"，加速数字化转型

2017～2018 年，永辉超市与腾讯智慧零售开展合作并开启了"辉腾计划"，意在重构 CRM 2.0 系统，即在客户层面上进行更深度的研究，为后续进行千人千面的精准营销打好基础。随后，腾讯智慧零售提出"四力模型"，即想要做好私域，需要在"商品力、产品力、运营力、组织力"四个方面做全面提升。以此为契机，永辉超市持续发力深耕私域，加速了数字化转型。

对永辉超市这样的大型商超来说，凭借着完备的供应链，商品力层面的实力不言而喻。为了做好数字化转型，永辉超市在产品力、运营力及组织力方面都下了大功夫。

▶产品力 + 运营力：私域多触点运营，全渠道拉新留存

永辉超市在私域生态搭建上做得比较周全，不仅有公众号、视频号、社群、小程序等基础的私域建设，还将 app 与小程序体系打通，方便客户在更多场景下随时随地进行购买。值得一提的是，尽管是多触点的私域运营，但是永辉超市依然根据自身业务模式及渠道优势，在产品力及运营力的提升方面有所侧重。

在重点经营的自营业务中，永辉超市不再依赖线下门店或线上渠道的

单一经营模式，而是在经营思路和策略上偏重"线下 + 线上"的全渠道融合。此前，永辉超市在其第三个"十年发展规划"中重点提出了，将打造一个"以生鲜为基础，以客户为中心的全渠道数字化零售平台"。

首先，永辉生活 app 及小程序基于 LBS 定位到全国的门店，承载到家的 O2O 业务，是核心的私域转化交易场。其次，依靠门店运营，通过老带新、裂变等方式，将线下客流沉淀到社群、公众号等触点。最后，依靠社群、公众号、视频号等触点，以商品和服务为主要抓手，做好用户留存，提升复购率和消费频次。

▶组织力：省区制结构、内外部配合，不断提升内驱力

像永辉超市这样"跨区域、多门店"的业务形态，想要在组织力层面上加速数字化转型及构建私域团队并不容易。但是，永辉超市依靠其独特的私域组织架构设计（见图 7-3），使这艘大船的自驱力和动力不断变强。

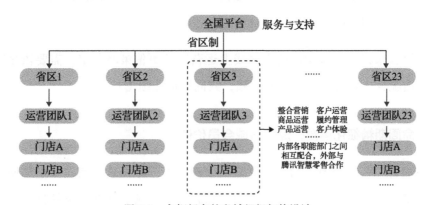

图 7-3　永辉超市的私域组织架构设计

简单来说，永辉超市在私域组织架构上分为三个层级。

首先，永辉超市有一个全国平台，服务与支持各个省区业务发展，通过模块化分工给予各个省区运营规范、业务策略和经营目标等相关的指引。

其次，永辉超市在运营前线实行省区业务制度，即每个省区都有自己的专业化运营团队，对接整合营销、客户运营、商品运营、履约管理、产品运营、客户体验等不同职能部门，彼此相互配合。除此之外，还有跨部门的协同，比如和供应链、营销、采购、线下区域及门店等相互协同。省区平台的客户团队会对整个省区的客户画像做梳理，并对客户全生命周期进行整体运营，同时负责省区线上的业绩产出。这种"分区自治"的模式，使每个省区都有做好业务的内驱力。

最后，无论是线下到店的生意，还是线上 app 到家的生意，最后都会将业绩落到具体的门店。其中，线上整合营销及客户运营团队和每个门店有相关的共享工作群，重要的信息会通过工作群进行分发，普通 SOP 类消息则由机器人定时群发，实现高效精准触达，并在后台收集每一次社群沟通的反馈数据，以便后续不断优化迭代。这个举措相当于站在省区平台的角度，监督每一个区域及门店所经营的社群有没有良好执行，从而在组织上实现更好的上传下达。

综合来说，永辉超市的省区线上运营团队更偏策略制定，需要依靠线下门店配合，两者的业务互相依赖，共同完成业绩增长。

全生命周期精细化运营，深挖私域会员价值

随着"私域四力"的全面提升，永辉超市开始探索如何在 1 亿私域会员的基础上，做好分层运营，进而提高客户消费频次及客户贡献价值。永辉超市将客户生命周期共分为了 6 个阶段，即注册期、引入期、成长期、成熟期、沉默期、流失期，并针对每个阶段采取不同的客户运营策略，进行精细化的分层运营。同时，永辉超市在拉新的基础上，更加注重提升老客户的消费频次和价值贡献度。

▶将新客户引导成为高潜客户：提升客户消费频次

永辉超市通过给注册客户发放新人券包，引导他们进行首单消费。随后，永辉超市将完成首单消费的新客户引导成为高潜客户，核心目的是提升客户的复购率。这一阶段，永辉超市会向完成了首单消费的客户发放券包，进行 2～4 次推广，让他们通过多次购买形成消费习惯；同时，永辉超市还会在公众号及小程序页面设置社群入口，放出"社群专享福利""砍价商品低至 1 折"等福利"钩子"（见图 7-4），吸引客户加入附近的门店社群，鼓励和刺激客户进一步下单。

图 7-4　永辉超市的社群福利

▶将高潜客户转变为核心客户：提升高潜客户的 LTV，增加贡献价值

针对高潜客户，永辉超市的客户运营策略是提升高潜客户的 LTV，提升消费频次及每次的消费金额。

这一阶段，永辉超市主要通过一些单品、线上营销活动及提升消费频次的工具，提高老客户的购买频率和延展购买品类。比如，上海永辉通过企业微信社群将周一至周五的群内促销活动做提前预告（见图7-5），培养客户在社群内查看优惠福利的心智，为后续转化做铺垫。每天促销的主题也有所不同，比如周一是乳品日，周二是会员日，周三是生鲜日，周四是零食日，周五是宠粉日，周末还会叠加各种主题活动，不断吸引客户尝试购买新品类，进而提升了客户消费价值。

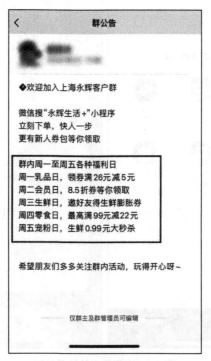

图 7-5　永辉超市的社群福利日活动

▶ 对流失客户做召回：精准触达 + 营销大促

针对流失客户（即消费频次在下降或者一两个月未进行消费的客户），永辉超市会通过指定品类及商品去精准触达这类客户群体，进行客户召回，使其重新变为永辉的高潜客户或者是核心客户。

这一阶段，永辉超市主要会采取两个核心动作：一是通过精细化运营，根据客户以往购买的商品品类、品牌、消费金额、频次等数据记录，构建标签体系，再针对该客户进行精准化推荐；二是在经过分层的社群里发放大量的优惠券，结合一些力度较大的营销活动，例如"全民内购会"大促，做有效的召回。

数据成果

- 自数字化转型以来，永辉超市共累积了近 1 亿名线上客户，每个月私域社群 GMV 高达 1 亿～2 亿元。

案例：物美集团

案例亮点

在组织架构变革的基础上，物美集团（以下简称物美）持续发力社群、公众号、小程序"私域三套件"，在线下通过奖励激发员工拉新的能动性，并利用支付等业务触点加速拉新；在线上则通过多重引导用户加群，持续扩大私域用户池。在吸引新用户及打通数据后，物美基于对客群的数据洞察，对人群做更精细化的分层，并结合对应触点工具，针对不同人群匹配不同的精细化营销策略，不断扩大每个通道的宽度并提升转化效果，促进了整体销售。

企业概况

物美于 1994 年创办，是我国规模最大、发展最早的全渠道数字化流通企业之一，旗下拥有"物美""美廉美""麦德龙""百安居""新华百货""重庆百货"等知名品牌，在全国拥有 2000 多家多业态门店，年销售规模逾 1100 亿元。

通过打造以生鲜为核心的数字化供应链，以全面数字化、线上线下一体化改造升级实体店，物美形成了集"多点＋物美超市"、百货商场、社区店、便利店、百安居（建材家装）、快剪（理发）、达慧堂（药店）等各种业态于一体的综合性布局。

需求痛点

新冠疫情的冲击叠加短视频平台的发展，使人们的消费需求及购物行为发生了质的变化。流量在哪儿，顾客就在哪儿。传统零售企业需要借鉴数字化时代的互联网平台整合思维，创新整合线上线下营销活动，通过私域做好品牌建设、活动营销及商品"种草"，实时了解客户反馈并做好深度客户服务工作，从而建立信任的邻里关系圈。

在这样的背景下，物美不断加码投入私域，布局全域经营。一方面将线上线下全渠道流量引流至私域，另一方面则通过私域的精准触达，提升用户活跃度，加速流量转化。

优秀实践

持续强化组织架构变革，打通全域触点

为了更好地布局并打通全域各个触点，物美首先在组织架构上进行了调整和变革。一开始，物美成立了单独的私域部门，主要负责社群和小程序业务。后来，整个私域部门整合到会员运营部门，打通用户运营、会员

运营、私域运营，并开启了精细化分工。

具体来说：第一，设置单独的拉新小组，只负责拉新，对接区域和门店；第二，设置单独的运营小组，在用户进入门店群后，负责社群活跃和用户留存工作；第三，设置专门做垂直类社群的运营小组，比如运营高净值群、宠物群、母婴群等；第四，设置内容小组，为社群提供文案支撑。

线上线下多触点联动，全链路持续拉新引流

有了强大的组织力做后盾，物美全面发力"私域三套件"——社群、公众号、小程序，助推线下用户的转化。

在线下门店，物美放置企业微信二维码，用优惠引导用户添加并入群。同时，物美通过线下 300 多家门店布局地推，以区域或门店 PK 赛的形式落实奖惩，调动门店主观能动性；同时增设个人奖励，通过开发员工业绩码（见图 7-6），实现奖励到个人，充分提升员工积极性，持续扩大私域用户规模。

图 7-6 物美的员工业绩码

此外，物美还通过线下各种业务触点引导顾客沉淀到私域。例如，在人工收银台，物美设计了"一码双扫"（一款动态码），顾客在买单时，与收银员核算完价格后，可以直接扫码支付，在支付环节引导顾客到小程序支付（无感跳转到小程序直接支付）。由此，小程序变成了顾客的第一个私域触点，在顾客完成支付后，物美就可以通过支付结果页，以各种权益运营吸引顾客添加企业微信、进群、关注公众号等，不断串联各个私域触点。"一码双扫"在2022年11月上线后的短短三个月内引导了1万多名顾客到私域。

在线上，物美则依托公众号设置多个入口，将顾客引导至企业微信，然后邀请入群。其中，物美在自动回复的欢迎语中，主动引导顾客添加专属客服，顾客添加后，专属客服会引导其入群。在公众号文章中，物美也会插入企业微信二维码，用福利活动引导顾客添加，进一步扩大顾客规模。

除了在公众号、小程序中进行私域布局，物美在视频号中也布局了添加企业微信的触点，把顾客引导至企业微信，方便后续触达。目前，物美视频号的主要内容包括各类产品活动、线下门店活动宣传、美食攻略等。通过物美的私域产品应用全流程场景图（见图7-7），可了解更多参考信息。

深谙各触点特性，精细化运营加速销售转化

在通过多渠道、多触点引流的同时，物美也希望在社群、在私域场景里产生更多成交。为此，物美在深度客户服务、活动运营、内容运营等方面进行了不少卓有成效的探索。

▶深度客户服务

线上客服：物美在好友欢迎语、入群欢迎语、关键词自动回复等位置接入客服系统，2022 年累计接入顾客咨询 2 万单，有效回应了顾客在活动规则、app 下单加购、优惠券使用等方面的咨询。

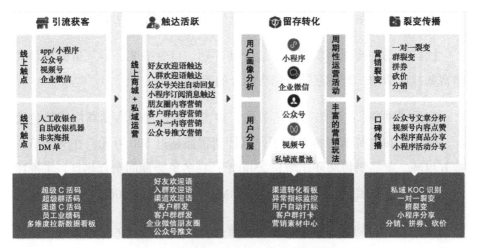

图 7-7　物美的私域产品应用全流程场景图

群运营官：物美制定了群运营官操作指南，通过设置奖励制度，明确"1 人 1 群 200 人"的分工规则，让社群运营人员可以实时在线回复顾客咨询，自主开展社群接龙、引流到店等活动。

▶ 活动运营

栏目优化：通过天天领红包、疯狂星期四、每月宠粉节、时令上新、小美家常菜、小美优选等丰富的栏目，大大强化了消费者心智。其中，宠粉节活动单场销售高达近 78 万元，同比增长近 300%。

热点营销：整合全渠道资源，借势"三八"节、"618"、春节等热点节日做场景化营销，推出"她的节""'618'超值购""小雪火锅"等重点活动及单品。2022 年双 11 期间，私域日均单量环比上升 6.3%，GMV 环比上升 53.7%。

▶内容运营

朋友圈：IP"物小美"定位于"福利官＋专业买手"，聚焦主题日，通过美食、美物、菜谱、生活窍门等，成为顾客信赖的生活好帮手。

社群互动：按周组织群打卡、互动答题、口令抽奖、节气猜谜等形式丰富的社群活动，打造互动与销售结合的营销热点。

商品"种草"：聚焦高价值单品，推优卖新，向顾客推荐门店特色商品。例如，在生鲜节主推车厘子，累计销售额超过 500 万元；在父亲节主推五粮液，单品销售额环比增长 2500%；在冬奥会期间结合热点，主推冰雪盲盒爆品，私域触达当天就实现了 GMV 环比增长近 500%。

除此之外，物美还打造了很多垂直类社群，并重点运营宠物群、母婴群、鲜花群、心选群等热门群，把有相同爱好的人群拉到一起，不仅能够对现有品类营销产生价值，还可以更好地带动销售。在垂直类社群，物美通过开展"7 天剧本式营销大促"，在品牌联动、采销助力的加持下，迅速实现社群人数积累及快速出单、批量成交的目的。在选品方面，结合节日热点精选高价值、低价格、强刚需的畅销商品；在运营方面，线上线下多渠道引流，利用门店物料、朋友圈、公众号、短信、订阅消息等进行预热宣传。在母婴垂直类社群的首次活动中，物美在各渠道预告引流，并在视频号、多点两大平台直播间同步开播，直播 1 小时带货 GMV 突破 20 万元，总围观人次超过 10 万；某进口奶粉品牌日均 GMV 同比增长 500%，突破 30 万元。

值得一提的是，物美在吸引新顾客以及打通顾客数据后，通过分析客群过去的交易行为、客群画像、客群标签等信息，对人群做更精细化的分层，并结合对应触点工具，针对不同人群匹配不同的精细化营销策略，不断提升每个通道的宽度和转化效果，促进了整体销售。

比如，对消费力相对比较低、消费频次比较低的顾客，物美在触达时会发免邮券（无门槛包邮券），这样即使顾客购买少量的商品也能享受配送到家服务，可以有效激活他们的购买行为。而对于消费力比较高、消费频次比较低的用户，物美在触达时会发满减券，从而在保障下单率的同时提升笔单价及 ROI。

数据成果

- 截至 2022 年，物美在全域累计沉淀了 2000 万名顾客，其中通过企业微信私域（始建于 2021 年 6 月），沉淀了 300 万名顾客。企业微信私域对顾客心智培养起着积极作用，随着顾客入群时间的增长，交易会员月人均购物篮数量、人均订单量、人均 GMV 均有不同程度的提高。

- 2022 年，物美实现全域销售 9 亿元，其中华北物美超市小程序年销售额达 4452 万元，双 11 单月同比增长 174%。

第 8 章

食品饮料行业的全域经营打法与案例

食品饮料行业的发展趋势

食品饮料行业作为与消费者接触最为密切的行业之一，在国民经济中发挥着重要作用。食品饮料属于抗周期性的消费必需品，整体需求量平稳，受经济周期的影响较小，长期处于存量竞争状态。国家统计局发布的数据显示，2021 年全国粮油、食品类商品零售额达到 16 759.1 亿元，增长 10.8%；饮料类商品零售额 2807.9 亿元，增长 20.4%；2021 年，全国居民人均食品烟酒消费支出 7178 元，增长 12.2%，占人均消费支出的比重为 29.8%。

与此同时，近年来居民消费环境发生了剧烈变化，消费者的观念和需求正在被重塑。新的消费需求催生着新的商机，新锐品牌不断涌现，新老品牌同台竞技，市场竞争异常激烈。据 FoodPlus 发布的《2021 年中国

食品消费品年度创业投资报告》，2021 年食品饮料行业共发生投融资事件
311 起，投融资总金额约 586 亿元。

此外，越来越小的信息差、越来越透明的供应链、越来越内卷的发
展空间，使食品饮料行业同质化更加凸显。不仅中小品牌一边模仿成功品
牌一边冲击着市场，而且行业巨头也越来越多地被迫卷入竞争。功能性产
品、益生菌饮品、无糖饮料等品类竞相角逐；直播卖货、KOL 带货、各式
联名层出不穷；儿童零食、健身零食等细分领域不断分裂……在产品品类、
渠道获客、商业模式上，同质化现象严重。

具体来看，当前食品饮料行业呈现出以下多种趋势。

产品更加注重健康。随着消费者对健康认知的加深，他们对食品饮料
产品的营养成分和功能性成分越来越关注。除低糖、低脂、低卡等成分创
新类产品以外，具有特定功能的产品品类也在增加。2016～2021 年，我国
功能性食品行业市场规模由 1370 亿元增长至 1961 亿元，已成为全球最大
的功能性食品消费市场。○据中商产业研究院预测，2025 年中国功能性食
品市场规模将达到 2434 亿元。

消费场景化更加突出。在碎片化时代，消费者接触信息的渠道众多，
"场景营销"成为食品饮料行业的"心头好"，品牌积极融入消费者可能产
生消费的场景，以便在对的时间、对的地点给消费者及时提供有效信息并
刺激转化。目前，食品饮料行业的热门消费场景包括办公室下午茶、运动
健身、户外野餐、聚会时光及熬夜加班等。

国潮概念兴起。众多传统食品饮料品牌通过寻找契合自己产品的传统
文化元素，在包装设计与产品营销上传递品牌文化价值，靠跨界合作、改

○　参见 www.36kr.com/p/2149965733169408。

良产品等方式迎来市场新机遇；大量新锐国潮品牌涌入市场，亦受到了年轻人的喜爱。

随着大环境的变化、线上消费场景的无限拓展以及线上线下渠道获客成本的上涨，食品饮料企业传统的经营模式正逐渐失灵。构建线上线下一体化的品牌自主经营生意场，布局全域经营，成为食品饮料企业的必然选择。

食品饮料行业全域经营的难点

食品饮料消费具有刚需、复购率高、消费决策链路短的特点，同时拥有足够大的消费者生命周期价值空间，很适合通过私域运营，培养忠诚消费者。我们也可以看到，近几年私域受到许多企业的重视，无论是传统的食品饮料品牌还是新兴的 DTC 品牌，都在过去两三年内逐步完成了私域运营体系的初步搭建。但由于品牌对私域的理解不够深入，也缺乏高效的方法，在有效私域的构建及全域经营模式的探索上还存在较多问题。

私域流量转化差。 随着公域流量日益见顶，越来越多的品牌希望借助私域寻找新增量。食品饮料行业更换品牌的成本低，导致消费者对品牌的忠诚度也较低，加上很多食品饮料品牌私域运营还处在较为初级的阶段，存在私域流量导入不精准等问题。如何实现私域流量的转化，让消费者持久复购，是一大难题。

场景整合更加困难。 当下，食品饮料行业具有用户基数庞大、渠道多元化、消费场景多样化、流量碎片化等特点，如何整合线上线下优势，通过全域场景渗透，打造更顺畅的购物路径，提升消费者的购物体验，释放消费者全生命周期价值，成为企业面临的难点。

缺乏有效的数字化工具。 如今，数据已然成为企业的核心战略资产。

特别是线上线下的融合发展，使企业数据的多渠道采集和智能化处理与应用的重要性日益凸显。食品饮料品牌在私域建设的过程中，普遍出现了渠道多元化导致的数据碎片化、数据孤岛、有数据但无法挖掘出应用价值等实际问题，在全域经营上缺乏更行之有效的数字化工具。

食品饮料行业全域经营的两大核心能力

相对而言，食品饮料行业的私域发展较晚、进度较慢，很多品牌与商家对私域的认知还很粗浅，打法也较粗放、低效。作为全域经营的基石，相关企业需继续提升私域运营能力，有效激发私域能量，从而获得新的增长红利。同时，品牌要以消费者为中心，构建全域消费者运营能力，实现消费者全生命周期价值最大化。

核心能力一：有效私域运营能力

如今的商业环境比以往更为复杂，迅速增加的消费者媒介触点与分散化场景，都推高了流量成本。企业在不断扩大私域用户池的同时，也要注重提升私域流量的质量。食品饮料企业应该以私域为核心阵地，提升有效私域的运营能力，推进品牌建设，建立消费者长期的忠诚度，实现私域的有效转化。

扩大私域用户池

食品饮料品牌可以从以下几点入手扩大私域用户池。

方式一：产品上附二维码，大到 to B（面向渠道商）产品的整箱箱码，小到 to C（面向消费者）产品的"一物一码"，品牌可以通过引导终端店主和消费者扫码，将流量沉淀至自己的公众号、企业微信等私域阵地。

食品饮料行业由于渠道复杂，产品自走向销售渠道那一刻起往往就与品牌"失联"了，销量难以转化成可沉淀的用户资产。对此，品牌可以借助全链路的商品数字化解决方案，对商品从生产到抵达消费者的整个过程进行全链路追踪，从而不断扩大私域用户池，实现终端和消费者的可连接、可洞察、可运营。以腾讯优码为例，截至2021年，腾讯优码已服务了近百个品牌，连接商品超200亿件，连接终端门店超200万家，累计扫码人次超30亿，累计节约营销及管理费用超10亿元。

某饮料企业曾在营销活动期间，通过腾讯优码联动朋友圈广告与线下核销场景，吸引消费者进入小程序活动页领优惠券并到线下核销，活动期间优惠券的核销比例高达50%。

方式二：社交裂变，通过趣味游戏、IP合作等营销利益点驱动用户互动和转化。

以趣味游戏为例，游戏本身带有较强的社交属性，更容易实现用户的自传播。食品饮料企业可以通过互动小游戏，将游戏和品牌产品融合起来，同时潜移默化地将品牌调性、价值观等融入游戏，实现吸粉引流、流量裂变和销售转化。

某食品饮料集团此前围绕旗下某品牌的原料种植、产品出品等环节，设计了一个种番茄游戏，让用户在沉浸式游戏体验中实现激活并持续感受品牌理念。该品牌还在游戏中通过任务植入激发社交裂变，实现消费者对产品体验和转化的闭环。

方式三：公域投放，如通过朋友圈广告、视频号原生广告等投放，获得商业流量，并沉淀至企业微信、社群、公众号等私域阵地。

如某食品饮料品牌，在冷启动阶段就瞄准了朋友圈广告，采用宽定向、高精度的策略，广泛覆盖高潜人群，并进行多素材测试投放，成功沉淀了品牌在微信生态内的第一批种子用户。在短期内效果爆发后，该品牌又将投放策略调整为"多新品＋多链路＋多素材"的高频迭代，精准触达目标人群，并引流至公众号等私域阵地沉淀。最终，该品牌的朋友圈广告相比其他广告提效 30%，提量 20%，同类微信指数峰值月环比提升 365%。

方式四：联域共营，与其他品牌商或渠道商合作，以联合造节等形式打通不同品牌、渠道之间的公域与私域，全面拓展品牌的交易场景，吸引并沉淀私域流量。

以"企鹅吉市－超级狂欢节"为例，腾讯智慧零售联合八大生鲜商超，为伊利臻浓系列产品打造"伊利超级品牌日"。八大生鲜商超在小程序上搭建了"伊利超级品牌日"专区，并在线下打造了主题快闪打卡门店。活动期间，伊利销售额突破 2600 万元，臻浓系列销售额同比增长 274%，小程序销售额在全渠道销售额中占比超过 40%。

私域反哺全域增长

随着私域用户池的不断扩大，品牌还要努力盘活私域资产，挖掘私域流量的数据价值和社交价值，以反哺全域业务的增长。在这个阶段，品牌可以通过社群进行新品试销和建设小程序商城来激发私域活力，提升私域转化率并反哺公域投放。

新品试销能通过社群等私域触点，及时获取用户在产品包装、设计、口味等方面的喜好、反馈。这样做一来可以减少"试错成本"，二来也可以让用户参与到设计中，培养用户黏性。

某乳制品企业就曾在私域社群及合作渠道等进行新品试销，通过试销及时发现产品问题并改进，同时通过 CDP 的人群画像能力获得目标消费者画像，进而反哺公域投放，与对照组相比，新品电商投放 ROI 提升了 60%～70%。

而小程序商城，可以提升消费者在私域购物的体验，沉淀私域用户，带来更高的复购率。一个功能完整的小程序商城，不仅可以扮演品牌超级官网的角色，而且可以提供包括会员专属优惠、互动社区和买家秀等专属体验，更好地提升用户的活跃度与留存率。

某乳制品品牌就通过小程序，进行拉新、复购及会员运营。在小程序上，该品牌通过周期购等产品进行用户承接，不仅让用户享受到了更好的服务，品牌也沉淀了优质的用户资产，实现了低成本的重复触达，提升了复购率和转化率。同时，该品牌在小程序运营中，也对用户有了更加深刻的洞察，从而反哺业务链条前端的营销推广乃至产品研发。

核心能力二：全域消费者运营能力

如今已进入以消费者为中心的时代，企业强调的是消费者的长久运营，需要提升全域消费者运营能力。所谓全域消费者运营能力，关键点有二，其一是重构消费者旅程，提高消费者品牌忠诚度；其二是数字化工具赋能，增强品牌对消费者数据的挖掘及分析洞察能力，为品牌经营策略提供数据指导，从而获得新的增长机会。

重构消费者旅程

消费者旅程包括对品牌的认知、兴趣、购买、忠诚全链路。对食品饮料品牌来说，在提供竞争优势方面，消费者旅程与产品本身一样重要。企业可以加大消费者旅程全域重构方面的投入，全方位满足消费者在各种场景下的需求，优化每个旅程触点的体验，增强消费者的品牌黏性，实现持续复购。

以某精品速溶咖啡品牌为例，消费者购买一杯咖啡，买的不仅是咖啡本身，也是服务和体验。购买前、购买中、购买后的环节都将影响消费者的体验，进而影响他们对品牌的认知及后续购买。过去很多咖啡品牌在营销过程中往往关注消费者在选择咖啡前与饮用咖啡过程中的体验和场景，但该咖啡品牌从消费者的消费全旅程出发，聚焦饮用咖啡后的场景，针对消费者对产品包装资源浪费的反馈发起活动，会员可以将饮用后的咖啡空罐在活动期间送往线下点位，并兑换品牌主题物资，此举有效提升了用户对品牌的好感，增强了品牌黏性。此外，品牌还建设了小程序来承载该活动与会员体系，打造线上线下一体化的消费者互动"新空间"，最终与消费者建立更紧密的关系，有效提升了消费者的品牌忠诚度。

数字化工具赋能

随着私域的不断发展，品牌的数字资产在不断增长，品牌可依托相关数字化工具对全域的数据进行实时、动态的洞察，从而实现精准营销，提升个性化体验和消费者 LTV。同时，品牌可以根据大数据，对不同特征、不同价值等级、处于不同生命周期的消费者做精细化运营，实现消费者价值最大化。

目前，诸如腾讯企点营销等工具，可以帮助企业洞察用户，并基于渠道、区域和品类的数据差异找到更多的潜在消费者，获得新的生意增长机会。更进一步，这些工具还能根据数据分析研究结果，反向指导产品创新，具体方式包括进行新产品、新营销策略的小规模验证，以及为品牌营销策略提供数据指导，比如广告投放的策略优化、营销资源的投入优化等。

例如，某乳制品集团就拉通了各事业部的全渠道消费者数据，通过

One ID 将消费者全渠道触点上的行为数据合并，统一消费者身份识别方式，并建立标签体系，对他们进行分类和分层，进而持续洞察消费者全景画像，助力精准营销与潜在客户挖掘以及提升媒介投放 ROI 与私域运营效率。

此外，全域经营是"一把手"工程，是战略上的大规模布局。因此，食品饮料企业还需要关注组织结构的优化调整。企业可以通过设置数据型组织（CDO）作为中台部门，协调各个部门之间的配合和数据交换，统筹全渠道数据管理，并与 IT 部门协作，以数据支撑营销创新场景，赋能全域业务增长。

案例：伊利集团

案例亮点

伊利集团（以下简称伊利）从顶层规划设计出发，搭建 1+N 私域消费者运营矩阵，通过数字化中心统筹推动集团各品牌私域阵地建设。为了更好地服务消费者，满足消费者便捷、高效的购物体验诉求，伊利探索出到店、到家及"伊号团"本地拼团三大履约链路。

除不断完善私域产品能力和持续升级运营模式之外，伊利还在不断探索由新技术驱动的全域消费者经营，通过"一物一码"、元宇宙体验和虚拟数字人等技术，为消费者带来更多新奇的营销互动方式，让私域阵地成为立体化、沉浸式体验场，持续提升品牌消费者活跃度及转化率。

企业概况

伊利是中国规模最大、产品品类最全的乳制品企业，位居全球乳业五强，连续九年蝉联"亚洲乳业第一"。2022 年，伊利实现营业总收入1231.71 亿元。作为行业龙头，伊利是最早开始数字化转型的乳制品企业之一，在 2019 年就成立了独立的数字化转型部门——数字化中心；2020 年，伊利宣布全速启动数字化战略。如今，伊利已经构建了一个精技术、通业务、懂运营的数字化专业团队。

需求痛点

多年来，以伊利为代表的食品饮料企业的主流渠道模式是深度分销，品牌隔着分销商、批发商、零售商等，很难与终端消费者产生连接。而如今迈向以消费者为中心的全域经营时代，消费者需求日趋多样化、消费链路变短，如何从以品牌产品推广为主转变为以消费者需求为导向，建立直接与消费者沟通的渠道，构建以消费者旅程为切入点的全链路、全场景服务体系，实现消费者可识别、可分析、可触达、可运营，同时提升品牌体验，是品牌的主要痛点。

此外，面对新世代的消费模式，如何抓住 Z 世代及更年轻的消费群体的注意力，进行更多创新营销模式试点也是品牌的主要诉求。

优秀实践

食品饮料行业私域发展普遍较晚，许多品牌仍将精力较多地聚焦在渠道铺设、商品品质标准化和时效性问题上，私域发展进程整体较为缓慢。伊利作为行业内品牌私域建设的优等生，与腾讯智慧零售深度合作，在私域基建、生态连接和不同阶段的打法上都积累了丰富的经验，可为相关企业提供参考。

第一阶段：完善私域产品能力，搭建直连消费者及交易的通路

▶1+N 私域矩阵建设

品牌私域建设是一项系统化工程，需要企业理解和梳理整个组织，并

将私域建设作为战略目标，调动各业务部门共同参与、通力配合。伊利在2019 年成立了数字化转型部门——数字化中心。在此基础上，2020 年初，伊利以集团"活力伊利"小程序为起点，构建 1+N 私域矩阵，整体统筹集团私域建设与运营策略，快速梳理和布局多种 DTC 模式，并陆续实现五大事业部及新业务板块全面覆盖。目前，伊利已建立了 19 个核心品牌小程序私域运营阵地，逐步完善了企业的私域运营体系，持续提升消费者数字化运营能力。

伊利以"活力伊利"小程序为"样板间"，借助自主研发组件及多种互动工具，沉淀通用的私域运营方法，赋能品牌小程序根据自身需求进行活动延展及功能迭代。同时，各事业部的优秀私域运营模式也会沉淀为集团的通用组件，为集团旗下更多品牌小程序所用。

目前"活力伊利"小程序已经可以承接集团调研、私域运营活动宣传推广、UGC 内容共创、集团互动门户等多项功能，并通过"积分通"功能打通公域积分，吸引公域平台用户进入私域，体验更多服务和内容。

▶ 探索三大线下履约链路

在数十年的努力下，伊利搭建了强大的线下供应体系，但面对消费者需求的日益多元化与个性化，伊利也需要不断拓展新的零售渠道来满足消费者的多样化需求。如今，伊利已完成到家、到店以及到店 & 到家（"伊号团"本地拼团）三大履约链路建设（见图 8-1），打通了从门店到消费者的"最后一公里"，覆盖消费者全消费场景，从而满足消费者的多样化需求。

同时，伊利以门店为单位，借助强大的线下门店渠道优势，运用企业微信的连接能力，搭建导购门店服务社群，打造了以导购社群为载体的"品牌—门店—消费者"直连模式，以便进行更精细化的消费者运营。

图 8-1 伊利三大线下履约链路

在伊利的三大履约链路下，品牌、经销商、零售商等各司其职，构建起以消费者为中心的服务网络。导购门店服务社群动销归入线下，社群订单可直接追溯到人和店，导购业绩所见即所得，成功提高了导购日常工作效率及门店单产，社群复购率也呈倍数提升，形成了品牌与渠道多方共赢的私域运营协同生态。

▶ 小程序 + 导购企业微信社群，打造消费者运营体系

为了更好地引导消费者与品牌积极互动，强化会员身份认知，伊利以"会员福利社"小程序为互动载体，以导购企业微信社群为运营通道，打造了自有的消费者运营体系。其中，"会员福利社"小程序是消费者入会与互动的载体，通过会员成长体系培养消费者的品牌黏性，并持续积累线下消费者数字资产，开展消费者调研等活动；导购企业微信社群则是导购连接消费者，提供沟通和服务的运营阵地。

在消费者生命周期的不同阶段，伊利采取差异化的运营动作，提升消费者的忠诚度并持续挖掘单客价值。在"种草"期，伊利结合新品内容及

优惠活动，通过小程序和社群推送，进行品牌专题"种草"，强化新品曝光。同时，打造主题互动活动，如"超级星期五"（消费者参与活动即可赢伊利牛奶全家桶），进行社群用户的拉新和促进留存。在触达期，伊利基于LBS功能派发门店优惠券将消费者引流到店，并协同各部门推广新品。在忠诚期，伊利打通会员线上线下权益，提供丰富的购后权益如积分兑换礼品、购后抽奖等，吸引复购并培养忠诚度。目前，伊利已实现数万名导购上云，社群用户累计上百万名，累计销售额过亿元。

基于私域产品能力的不断完善，2022 年双 11 伊利迎来了私域运营的一次爆发。在双 11 期间，伊利各事业部联动，运用"万人团 +PK 赛 + 游戏化营销"三把火点燃热度，同时在企业微信社群、视频号同步开展互动及直播宣传，引爆全域讨论。

其中，万人团拉通集团 14 个自主研发小程序商城，打出一分钱开团抽奖的福利牌，并不断更新礼品吸引用户参与。PK 赛则着重于消费者偏好信息的收集，发起全民共创的 AB 测试收集消费者更喜爱的口味、产品及联名活动，通过抽奖吸引消费者参与趣味调研。同时，伊利上线多款游戏，借势足球营销，开展 AR（增强现实）球星合影等活动，用消费者喜欢的游戏形式与他们互动。此外，伊利在企业微信社群和视频号中，也同步通过海报日历输出攻略、晒单分享中奖来烘托氛围，有效实现裂变拉新和社群激活。双 11 期间，伊利不依靠流量投放实现拉新人数近百万，留存率提升至 28%，真正实现了私域的强激活、强转化。

第二阶段：布局全域经营，创新营销模式驱动用户运营

▶"一物一码"打通线上线下，数字奶卡拉通公域私域

伊利通过"一物一码"的瓶盖码、棒签码建设，打通线上线下双向渠道，实现了与消费者的直连。消费者只要扫码就可跳转至品牌小程序，并

参与对应的活动，成功连接线下终端消费者并将其引导至线上，实现小程序的快速拉新及用户资产的沉淀。

此外，为了更好地将公域流量导流至私域，伊利推出"数字奶卡"系列产品，搭建了以奶卡产品及自营小程序为主体的高黏性用户体系。该体系通过在公域平台销售具有高附加值的数字奶卡产品，以兑换、周期购等形式吸引用户进入私域，再在小程序上为用户提供增值服务，实现品牌宣传与经营转换相结合的精准营销。

伊利曾与综艺节目《披荆斩棘　第二季》合作推出星推官语音奶卡，该奶卡除可兑换牛奶产品外，还附加专属明星语音祝福。联名奶卡利用数字奶卡的灵活设计和制作周期短的特点，快速抓住营销热点，满足消费者在各种场景的消费需求。这不仅能够借势热点增加曝光，而且能够吸引更多消费者参与活动，最终达成声量与销量的双重增长。

消费者沉淀至私域用户池后，伊利会再通过企业微信、外呼等进行重复触达，并结合品牌营销活动，为消费者提供专属赠品、异业平台权益，以及语音、DIY 等互动玩法，强化品牌与消费者的关系，吸引消费者不断复购。

▶ 营销技术创新，构建高互动私域阵地

为了不断提升私域用户的活跃度，同时吸引更年轻的消费群体，伊利在私域建设的过程中，着重提升小程序的用户体验，变小程序为"互动场"，通过沉浸式品牌活动实现裂变拉新，并形成高互动私域生态。

以世界杯为例，伊利在"活力伊利"及多个核心品牌小程序上联合上线了元宇宙热爱球场互动专区，专区内集合了虚拟空间、AR 投影、数字藏品、虚拟人直播等技术，成功将小程序升级为消费者的"元宇宙"球场，逼真的互动体验感赢得了年轻人的喜爱，带动了大量私域用户参与，同时也传递了品牌理念，实现了品牌与用户的沉浸式互动。

值得一提的是，伊利借助私有化部署的藏品铸造平台，已经可以摆脱对外部平台的依赖，低成本完成数字藏品的铸造，用"数字藏品＋数字商品（奶卡）"的组合为消费者带来全新的线上购物体验。

▶ 与渠道联域共营，挖掘私域新增量

除了不断完善自身的私域建设，伊利还探索了与渠道商的联域共营新模式。伊利作为品牌商通过与购物百货商场等渠道商联合造节等形式，打通旗下不同品牌与渠道之间的公域私域，实现了品牌与渠道的全面融合。具体来说，有以下四大实践可借鉴。

第一，小程序＋企业微信社群：全渠道场景联动（见图 8-2），打造伊利自有运营体系。

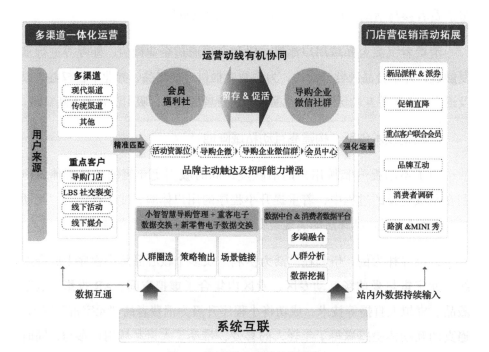

图 8-2　伊利的全渠道场景联动

1）"会员福利社"小程序作为消费者互动的载体,是品牌连接线下多渠道消费者的统一运营阵地。基于 LBS 功能,伊利为消费者提供附近门店的营促销活动权益及品牌线上互动权益,通过用户成长体系培养线下用户品牌黏性,并持续积累线下用户资产。

2）导购企业微信社群作为运营通道,是导购连接消费者,提供沟通和服务的运营阵地。

第二,消费者全生命周期管理:AIPL 全生命周期运维管理(见图 8-3),提升用户认知及忠诚度。

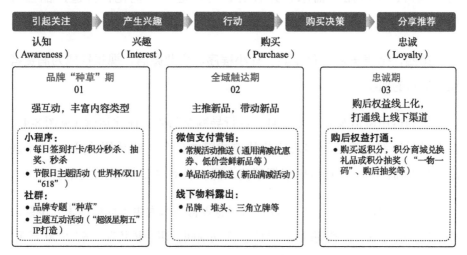

图 8-3　伊利 AIPL 全生命周期运维管理

伊利在消费者生命周期的不同阶段,有针对性地采取差异化运营动作,引导消费者参与下一步动作。

1）品牌"种草"期,结合新品"种草"内容、新品券活动,执行导购社群推送任务,强化社群用户触达,强化新品曝光。

2）全域触达期,基于 LBS 功能派发门店支付券引流到店,整合协同

销售部重点客户组 & 市场部品牌推广新品资源。

3）忠诚期，聚焦社群用户拉新和留存，打造超级 IP "超级星期五"，赢伊利牛奶全家桶。

第三，线上渠道消费者运营：全方位触点连接，深入了解消费者需求，实现运营升级。

伊利从品牌形象出发，建立与消费者的全方位的触点连接，并借助会员权益、积分体系，提升消费者的交互体验。伊利会定期举行品牌 / 用户调研，了解用户需求，并且有针对性地进行优化，打造产品独有优势。

第四，微信 + 多样化工具：让小程序、企业微信、视频号成为消费者私域运营的抓手。

伊利运用微信及多样化工具，进行导购及门店一体化运营（见图 8-4），在全员导购线上运营下实现小步快跑式赋能优化，商品侧单月 1~2 个新品测试上新链路，渠道侧则根据消费人群，联动内部资源落地执行。

在生态建设方面，伊利联合腾讯智慧零售与八大生鲜商超商家，围绕臻浓系列产品打造 "伊利超级品牌日"。活动期间，伊利销售额突破 2600 万元，整体环比增长超过 100%。其中，臻浓系列销售额同比增长 274%，小程序销售额在全渠道销售额中占比超过 40%，伊利实现了全渠道创新的一次跃进。

在异业合作方面，伊利也通过主动搭建跨界会员网络，以奶卡和数字卡券为载体，和联想、爱奇艺、宝洁等公司深度合作，吸引异业平台会员，丰富品牌用户圈层。目前，数字卡券已入驻 30 多个头部 app，并将不断扩充合作伙伴队伍，开展深度合作，如发行专属权益卡、打造联合专题页、入驻互动城等。

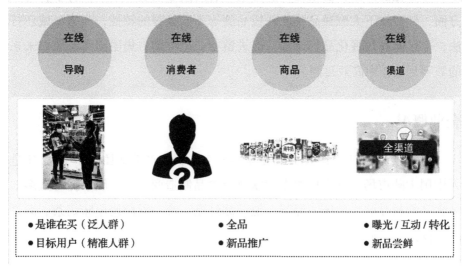

图 8-4　伊利导购及门店一体化运营

数据成果

- 2022 年双 11 期间，伊利通过私域运营，在不依靠流量投放的情况下实现拉新人数近百万，留存率提升至 28%。

- 截至 2022 年底，伊利实现导购 100% 上云，覆盖数万名导购，销售额过亿元。

案例：统一企业

案例亮点

2022 年，统一企业启动了集团层面的消费数字化建设，搭建"统一快乐星球"小程序。一方面，整合旗下品牌的营销活动，以趣味的消费者互动和差异化的商品售卖渠道，满足消费者对娱乐消费的全方位诉求；另一方面，针对旗下大流通品牌、新锐品牌等不同品牌的特性，开拓私域新打法，不仅能有效强化品牌认知、促进留存，也可助力集团同类品牌在未来的数字化工作中高效复制。

企业概况

统一企业始创于 1967 年，是全球知名的民生产业集团，于 1992 年进入中国大陆市场，是市场领先的饮料及食品制造商之一。旗下拥有众多知名食品饮料品牌，如统一绿茶、统一冰红茶、统一阿萨姆原味奶茶、海之言、汤达人、茄皇等。

需求痛点

统一企业旗下有诸多品牌。通过多品牌矩阵带动业绩增长，是统一企业的重要发展战略。但在多品牌战略下，公司数字化建设仍有急需解决的问题：其一，各品牌每年都有营销投入，但由于企业早先数字化营销方法经验薄弱，始终缺乏有效的用户资产沉淀和数据应用；其二，各品牌间营销较为独立，需要从集团层面进行整合，将大体量品牌在大流通、大曝光营销中获得的用户，再次应用于新锐品牌的营销触达。

因此，统一企业与腾讯智慧零售合作，将品牌分散的私域阵地进行串联，实现用户数据沉淀和统一运营，从而有效整合旗下多品牌资源，带动集团新锐品牌的知名度及销量提升。

优秀实践

面对在数字化经营方面的痛点，统一企业迭代传统营销模式，通过私域阵地直连消费者，建设集团小程序"统一快乐星球"。同时，整合旗下各品牌的常规营销活动，进一步促进品牌建设和销售转化，并通过数据的精准分析，更深入地洞察消费者需求，以反哺经营决策。

以小程序为运营阵地，搭建用户互动场

在全域经营时代，统一企业的一切发展战略及创新都以消费者为中心进行快速调整。作为品牌数字营销运营阵地和中心场，"统一快乐星球"小程序内容涉及各品牌营销活动、福利商城、积分商城等，将各品牌全渠道流量归至集团小程序，而集团小程序则通过内容版块及链路设计，分发用户及流量至各品牌，打造了更高效的用户互动场。

除此之外，统一企业还将企业微信作为集团小程序与用户持续沟通的触点，进行小程序内的活动福利宣传发放，进一步提升用户活跃度与集团品牌活动参与度。

梳理品牌矩阵，分层制定私域打法

依托"统一快乐星球"小程序，统一企业将快消行业中合适的消费数字化运营打法快速融入各品牌年度营销规划，并对旗下品牌的消费数字化工作进行分类，梳理出经典业务场景，在强化品牌认知、促进留存的同时，助力集团同类品牌在未来数字化工作中更好地复制成功实践。

▶大流通品牌："商品触点 + 年度营销"助力用户沉淀，反哺经营决策

对于大流通品牌，统一企业采取的策略是：将线下大流通触点及日常投放获得的流量沉淀至中心场，分析已购买用户数据，并反哺经营决策制定。

统一绿茶 2022 年度的码营销项目就是一个典型的场景。统一企业以"统一绿茶"商品触点为载体,联合腾讯优码,基于"一物一码"直连消费者和零售终端,打通线上线下场景。区别于过往单纯的短期促销活动,统一企业精心设计了此次活动的各个环节,大力提升了用户的扫码率。例如,根据目标受众的偏好,设置极具吸引力的奖池;结合品牌营销规划,盘点触点并设计合理的引流链路;将统一绿茶的茶多酚、低糖等健康理念充分植入到每个互动中……多管齐下,有效提升了流量的沉淀率、留存率与转化率。

将流量沉淀至"统一快乐星球"小程序后,统一企业充分利用腾讯的数据分析能力,获得对扫码购买用户的深入洞察,并将数据洞察结果用于经营策略和营销规划调整,提升集团效益。

可以说,以茶事业为代表,统一企业很好地将大流通品牌特性和年度数字营销活动结合在一起,实现了购买用户沉淀及可视化解读,不仅为集团数字化建设沉淀了大量私域用户,也为经营策略调整提供了科学的决策参考。

▶新锐品牌:沉浸游戏增强用户心智,私域"三位一体"提升留存率、活跃度

对于新锐品牌,统一企业则更注重通过数字化手段与用户双向互动,并沉淀用户资产。统一企业将品牌特性植入产品设计,让用户在游戏体验中感受品牌传递的信息,同时通过"小程序+公众号+企业微信社群"的"三位一体"的私域玩法(见图 8-5),与用户进行深层交流,收获更多优质的品牌粉丝。

集团新锐品牌"茄皇"就是一个极具代表性的例子。2022 年,统一企业上线"茄皇的家"小程序,通过线上种番茄的养成类游戏方式,让用户沉浸式参与"茄皇"的出品流程。"茄皇的家"将裂变机制、品牌内容等植入游戏任务,用户完成游戏任务即可获取游戏虚拟货币,兑换茄皇实物奖品及小程序商城指定商品优惠券,从而带动商品购买,构建了品牌建

设—用户运营—销售转化的闭环。通过"茄皇的家",茄皇得以更好地回馈品牌粉丝、活化品牌形象、传递品牌理念。

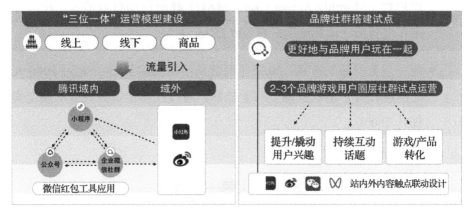

图 8-5 "三位一体"运营模型设计

以游戏为载体,茄皇还串联私域"三位一体"触点(公众号＋企业微信＋小程序),进行拉新、促活的用户运营,并结合话题互动、内容共创等品牌营销型的社群运营,建设品牌私域阵地,更好地与品牌粉丝玩在一起。在这个过程中,统一企业通过游戏化活动沉淀了一批品牌 KOC,帮助品牌高效产出原生内容,再通过社群裂变设计运营活动,在传递品牌价值的同时创造品牌直接触达消费者的机会。

茄皇作为新锐品牌,一方面通过游戏方式,无感式地传递品牌价值,以丰富的内容创新形式提升了用户心智;另一方面则持续发力私域"三位一体"新玩法,与用户进行更深层次的互动,挖掘用户特性,有力提升了统一企业集团小程序用户留存率及活跃度。

数据成果

- 统一企业将全渠道散点流量盘活并归至集团小程序"统一快乐星

球"，进一步促进品牌建设和销售转化。通过品牌矩阵布局，将"统一快乐星球"成功打造成集团公域流量主阵地，2022 年小程序月活用户数（Monthly Active User，MAU）峰值位居行业前六。统一绿茶年度营销活动沉淀用户超 600 万人。

- 统一企业"茄皇的家"2022 年度营销活动沉淀了 10 个超过 2000 人的品牌社群，活跃度高于行业社群，通过社群带动游戏分享裂变率提升 280%。

案例：认养一头牛

案例亮点

借力微信生态，认养一头牛与用户完成了连接，包括强化自身的会员体系建设、重点布局微信小程序等。认养一头牛通过对用户进行深刻洞察，反哺业务链条前端的营销推广乃至产品研发，并基于视频号、企业微信等构建公域私域流量闭环，以精细化运营提升用户黏性、用户复购率，加速进入私域进阶时代。

企业概况

2014 年，认养一头牛创始人徐晓波在河北故城建立公司的第一座大型现代化牧场，于 2016 年在杭州正式创立"认养一头牛"这一新锐乳业品牌。公司以"只为用户养好牛"为使命，在从奶牛养殖等源头环节把控牛奶品质的同时，通过跨界联名、内容共创、互动营销等方式，实现产业链、品牌和消费者的深度连接。如今，认养一头牛已经发展成为一家以奶牛养殖与产品销售为核心主业的一二三产业高度融合的大型农业产业化集团。

需求痛点

如今,消费者的乳品消费趋于理性,乳品市场消费呈现出放缓的趋势,在此情况下,乳品行业加速洗牌,不少企业面临巨头的竞争挤压。在极度内卷的行业内,新锐品牌要想突出重围,需要另辟蹊径。

认养一头牛希望通过深耕私域,在实现精准连接目标用户的同时,扩大用户触达面,进入品牌快速增长期。

优秀实践

借力微信生态,认养一头牛与第一批用户完成了连接,在乳业红海中找到了属于自己的增长道路。

多触点沉淀私域会员,自主研发小程序加速流量转化

在认养一头牛开始布局公域运营,进驻电商平台的重要节点上,为了延续品牌在用户运营侧的优势,认养一头牛开始强化自身的会员体系建设,并重新梳理在微信生态的布局,通过小程序、企业微信、视频号等工具吸引和沉淀私域会员。

2020 年,认养一头牛的自主研发小程序上线。该小程序承担了复购、互动、履约、权益兑现等不同职责。通过该小程序,认养一头牛既与会员保持了紧密联系,也将所有业务都衔接了起来,并做到了有效转化。在该小程序上,认养一头牛推出周期购产品,主打服务和产品的差异化:用户可以订购牛奶,每个月在固定时间收到企业送达的生产日期在 30 天内的新鲜产品;如暂时不需要送奶或地址有变更等,用户可以在小程序上选择暂停、改地址、改产品;有任何问题都可以通过小程序第一时间找到客服。

基于此，认养一头牛在公域私域触达的高质量用户，由周期购产品来承接，用户享受到了更好的服务，品牌也沉淀了优质的用户资产，并实现了低成本重复触达，提升了复购率和转化率。

强化反哺和拉动，构建私域进阶时代的公域私域流量闭环

小程序让认养一头牛对高质量用户的留存运营和模式履约成为现实，而它的价值不止于此，更体现在过程中——用户享受到了更加细腻的服务，品牌也从中对用户有了更加深刻的洞察，从而可以反哺业务链条前端的营销推广乃至产品研发，助力品牌加速进入私域进阶时代。比如，认养一头牛开发的儿童奶粉、低脂的纯牛奶和酸奶、儿童纯牛奶等产品，都是基于用户洞察研发的、能够更好地满足用户需求的产品。

除了帮助做好用户运营，微信生态也在持续助力认养一头牛的增长。伴随平台产品尤其是视频号的日益完善，认养一头牛通过视频号直播，在微信生态内构建了公域私域流量闭环。

在开始视频号直播前，认养一头牛会联动微信生态内的其他产品，如通过公众号、社群等发布直播预告，引导私域用户进入视频号直播间，提升直播热度，继而获得平台流量倾斜，导入更多公域用户。当新用户进入直播间后，主播会引导用户添加品牌企业微信、加入社群，将用户沉淀至私域中。同时，品牌会在视频号上挂上小程序链接，引导用户购买，将用户的活跃度与复购率进行有机结合。

通过有效联动微信生态组件，认养一头牛实现了私域规模和交易规模的同步扩大，用户黏性和用户复购率也获得了同步提升。

企业微信助力精细化运营，打造流量沉淀的稳定方法论

品牌虽然通过微信生态与用户产生了连接，但如何能为用户提供有价值、不打扰的服务，这非常考验运营功力。对此，认养一头牛在官方企业微信为用户设置了两个客服角色：营养师和店长。营养师向用户传达不同季节适合喝什么类型的奶、结合自己的身体状况应该补充哪些乳制品等实用信息；店长则主要通过朋友圈发布产品和促销信息，在不主动打扰用户的前提下保证信息触达，并在用户需要解决问题的时候，随时提供服务。

除了打造营养师和店长两大客服角色外，认养一头牛还制定了用户运营的 SOP，比如在用户进入私域后的第一天、第三天、一周后、十天后，品牌分别应该跟用户聊什么。通过流程标准化来把控服务质量，提升沟通效率，从而达到最好的互动效果。另外，认养一头牛还设置了专属客服岗，与用户进行深度沟通，在标准化的服务中保留了个性化的空间。

基于在精细化运营和服务质量上的不断精进，认养一头牛形成了推动新客户复购并沉淀为老客户的成熟方法论。

数据成果

- 自成立以来，认养一头牛在奶牛养殖、乳品加工、数智化建设、现代物流体系搭建等产业链环节把控好牛奶品质的同时，也将品牌理念通过微信等优质互联网生态传递给了更多用户。截至 2022 年，认养一头牛总会员数已经突破 2000 万，实现了充分连接用户、走近用户。

第 9 章

餐饮行业的全域经营打法与案例

餐饮行业的发展趋势

餐饮行业已成为我国经济的重要组成和贡献部分，是拉动消费的重要行业之一。中国餐饮行业自 2018 年迈入"4 万亿"时代后，在外部环境变化及消费变迁等因素影响下，调整的步伐明显加快。中国连锁经营协会在《2021 年中国连锁餐饮行业报告》中预测，2024 年中国餐饮市场规模将达到 6.6 万亿元，市场规模将呈现持续上升的势头。

与此同时，餐饮行业呈现出一系列新趋势。

品牌连锁化。新冠疫情加速了行业洗牌，品牌知名度、单店模型、供应链体系和管理能力都出色的连锁品牌抗风险能力更强，竞争优势更加明显。头部餐饮品牌的连锁化率和市场集中度有望进一步提高。

餐饮零售化。随着线下服务业逐渐向数字化、零售化方向转型，越来越多的餐饮品牌开通了线上店铺，新的零售业务成为营收增长点，线上线下渠道在不断打通、融合，"人、货、场"也正在逐步重构。

公域私域运营一体化。线上平台有效地拓展了餐饮企业的客户群体和消费场景，但有些线上平台较高的抽佣费用也是餐饮企业难以承受之重；私域流量则具有可持续免费触达、更可控等特点，有助于企业以更低成本引流，与客户交互，沉淀忠诚会员，实现营收和利润健康增长。

品类分化与融合。餐饮品牌长盛不衰的重要原因之一，是通过不断推陈出新来吸引消费者保持长久的关注。近年来，餐饮品牌的品类分化和跨界整合趋势越来越明显，尤其是连锁品牌凭借供应链优势，探索预制食品的销售。

内容营销视频化。内容营销开始从图文时代进入视频时代，直播已经成为餐饮企业引流的一个重要渠道。越来越多的餐饮企业开始加入直播大军，全面布局多渠道引流，提升转化率和销量。

IP 人格化。伴随着新消费群体的崛起，各种具有品牌个性的或跨界的、独特性的餐饮店开始流行起来。通过向消费者传递一种价值观，并持续输出相关的内容，实现品牌人格化，从而打造被消费者认可的、区别于同类其他品牌的独特品牌形象，成为品牌竞争的独特武器。

在餐饮行业的发展与剧烈变化中，线上或离店业务驱动行业复苏，品牌私域流量贡献整体增长，外卖发力迅猛，自营外卖越来越常见。面对行业趋势，基于微信小程序搭建品牌私域进而开展全域经营的理念，获得了越来越多餐饮品牌的推崇，成为餐饮企业拥抱变化、强化品牌壁垒和寻求可持续增长的"必选项"。

然而，按照既往的方式，餐饮行业要做到全域经营，尚存在诸多难题有待解决。

餐饮行业全域经营面临的难题

流量不稳定，消费者需求变化快。 如今消费者的决策环境从信息不对称趋向信息过载，他们的注意力很容易被新的信息、新的内容和新的产品所吸引而发生转移。如何洞察消费者的偏好、抓住消费者的注意力、持续进行产品创新迭代，成为餐饮企业面临的一大挑战。

平台成本不断上升，外卖成本高。 既想依赖平台，又想挣脱平台的"绑架"，成了当前餐饮企业的主要痛点。企业需要获得覆盖从售前到售中再到售后，涵盖预约、营销、支付、外卖、周边消费等各个环节的整体能力。

用户资产无法沉淀，营销体系难建立。 餐饮企业无法直接获得完整的用户行为和消费数据，并且消费者交易数据分散，数据细节也有缺失，不仅用户画像难构建，也无法打造会员等级成长体系和复购激励体系，难以提升客户忠诚度。

运营体系复杂，应对市场变化能力差。 大型连锁餐饮品牌内部存在多层级组织，加之总部、督导和加盟商之间关系复杂，总部政策到门店落地的耗损大、执行慢，企业急需逐步建立安全监督及配套设置、门店督导运营、远程视频沟通等相关的组织结构。

餐饮行业全域经营的核心打法

如前文所述，餐饮品牌要真正实现全域经营，需要以消费者为中心，重新梳理整个运营链路。在实际操作过程中，品牌可以结合拉新、促活、复购三大关键环节（见图9-1），以私域阵地为基石，发挥其直连用户、可低成本持续触达用户、灵活程度高、可沉淀用户数据等优势，扎实推进全域经营。

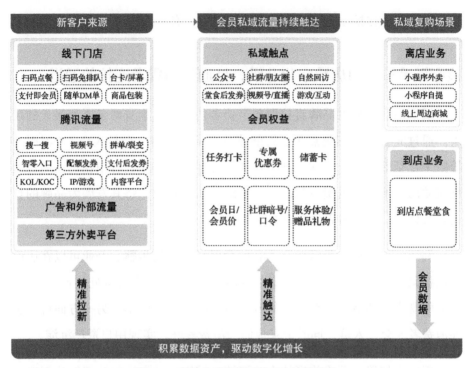

图 9-1　餐饮品牌全域经营三大关键环节

具体举例来说，企业可以采用多样化的方式，首先将线下门店、KOL/KOC"种草"、广告投放、第三方外卖平台等渠道的新客引入私域，继而以会员权益为支点，通过有效的私域运营持续触达消费者，不断增强消费者黏性，激发购买欲。在这个过程中，自然而然地培养起消费者的购买习惯，再以外卖、自提、线上周边商城等多元化的购买场景，使他们无论在到店还是离店的情况下都能不断产生复购。

需要特别指出的是，随着数字资产的持续积累，基于真实消费需求的分析与洞察，持续进行策略调优，整个链路会不断产生正向反馈效应，"拉新—促活—复购"犹如"滚雪球"般，持续驱动数字化增长。

餐饮企业在推动全域经营的实施过程中，有三大核心抓手不可或缺。

核心抓手一：门店数字化升级，打通与消费者连接的通道

线下门店是餐饮品牌直接服务消费者的场所，本身即是流量最大的场景。通过完善线下扫码点餐、智能菜单、定向推荐、会员入会／入群引导等数字化基础设施，餐饮品牌不仅能提升客单价，并且有望在短期内将大批流动的线下门店消费者沉淀至品牌线上私域阵地，将其发展为品牌的长期忠实会员，实现离店后低成本高效连接。

利用好扫码点餐是餐饮企业私域发展绕不开的步骤。企业可以在店内增加扫码点餐曝光，例如在餐桌、收银台、易拉宝／海报等处放置二维码，一方面既方便消费者点餐，又能有效节省门店人力成本，另一方面可以引导消费者入会、入群，同时记录他们的消费喜好，实现用户资产沉淀。

而门店扫码入群也为餐饮企业沉淀私域用户及之后的持续触达创造了条件。企业可以让导购或门店工作人员用优惠券等，引导消费者入群。

数字化的核心价值在于反向指导经营决策。通过门店的多种数字化工具和举措，不仅可以实现流量大幅上涨，更重要的是能够获得一手的消费者数据。以数据分析为基础，商家可以通过公众号分组推送、社群分层运营、小程序内的猜你喜欢等高效触达用户。

麦当劳这种优惠券已经深入人心的餐饮品牌，积累的会员多数是主动扫码加入的，且大部分是曾经到店或在外卖场景消费过的真实客流。在此基础上，麦当劳充分利用腾讯广告等多种公域流量场景，比如以自有的用户标签体系为基础，进行定向人群触达等，实现"千人千券"的朋友圈广告投放，提升了公域引流效率，实现全域经营提效。

此外，门店选址也至关重要。腾讯智慧零售提供的数据化咨询服务——有数方略，借助用户资产，能够洞察高潜力客户，实现线下门店商圈渗透率检测等，帮助餐饮企业打开扩张瓶颈，规避风险，提高开店成功率。在有数方略的助力下，主打自提和外送的某咖啡品牌，截至 2021 年已在全国布局 6000 多家门店，覆盖超过 220 个城市，做到半小时内可送达方圆 3～5 公里的核心消费群体。

核心抓手二：企业微信 & 社群，让消费者能够持续转化

企业微信和社群是近两年来餐饮行业提升 GMV、带动增量的重点路径。作为线下门店的线上延伸，社群成为餐饮品牌与消费者互动的新场域，在用户留存、复购率提升等方面展现出出色的潜力。餐饮品牌不仅可以利用微信的天然社交属性，通过社交裂变为私域拉新，而且可以借助企业微信高效、便捷地管理社群，与消费者构建更深入、更有温度的连接，助力门店业绩提升。

瑞幸咖啡将社群定位为最强营销触点，并设有社群运营部门，由 CGO（Chief Growth Officer，首席增长官）直接管理。利用企业微信实现顾客基于 LBS 加群，打破门店地理限制。在顾客消耗完入群之初发放的福利券后，瑞幸咖啡通过一对一推送、社群、朋友圈等方式建立顾客触达体系，在不同时段以顾客需求为出发点推送不同产品信息，将营销做成服务。

肯德基则联合腾讯智慧零售发起了"千镇计划"，通过微信社群建立起餐厅自己的私域用户池，帮助一二线城市之外的肯德基餐厅提升经营效果。店员不仅可以通过在社群里发放福利等活动吸引顾客加入社群，而且可以通过小游戏、活动、优惠券的发放，跟顾客保持互动。在云南普洱的肯德基门店，每天 11 点店长会准时在社群里发布餐厅当天的活动，为顾客"午饭吃什么?"的"终极难题"提供贴心的选项。正是这些贴近顾客的运营举措，使社群成为品牌全域持续转化的核心抓手。

核心抓手三：小程序自营外卖，提升利润，实现顾客、门店、品牌三方共赢

与依托第三方外卖平台的"被动"模式相比，自营小程序能够帮助餐饮品牌直连消费者，不仅可以自控营销节奏，还可提供全方位的自营服务（到店、外卖、零售），以及定制化餐品推荐、等级权益定制等增值服务，真正让品牌成为连接消费者的"主动者"，从而持续获得业绩、利润双增长。

餐饮企业自营小程序涵盖多种类型，其中既有能实现线上线下互相导流，便于开展个性化营销，并与点餐系统打通的会员小程序；也有能推荐菜品、提高附加值的点餐小程序；还有能自主外卖、扩展自身经营场景的外卖小程序；以及能将餐饮消费与商品消费完全打通，实现权益无缝对接的商城小程序。

其中，外卖小程序因能大大扩展餐饮企业的服务半径，直接有效地提升业绩、利润率，受到餐饮品牌的格外重视。围绕外卖小程序，餐饮企业可以采用强化外卖入口、广布流量触点、丰富外卖福利组合等多种举措，吸引、推动消费者购买。

新式鲜果茶品牌"沪上阿姨"从渠道、商品、配送三方面全方位发展小程序自营外卖，不断打磨、强化外卖业务模式。在渠道方面，沪上阿姨综合运用小程序、门店、社群、公众号、视频号等触点，形成推广合力；在商品方面，沪上阿姨为小程序自营外卖提供渠道专享商品，并搭配饮品券、满减优惠等举措；在配送方面，借助腾讯大数据，沪上阿姨精确划定配送范围，以缩短接单响应时长，不断提升消费者的外卖体验。

案例：沪上阿姨

案例亮点

依托腾讯生态产品组合，沪上阿姨一方面围绕消费者动向在微信生态内进行全方位的布局，全面盘活私域用户，实现留存和转化；另一方面则借助腾讯生态的多种私域玩法，打出"场景搭建＋内容营销＋用户激励"的营销组合拳，持续激活社群及小程序用户的外卖需求，提高用户复购频次，收获更大的利润空间。

企业概况

沪上阿姨是国内鲜果茶赛道的领先品牌之一，专注于为年轻消费者提供健康、好喝、高颜值、高质价比的新式鲜果茶饮。

2013 年，沪上阿姨将五谷与茶跨界搭配，提出五谷茶饮的概念，随着品牌不断发展及 Z 世代消费者对健康清爽茶饮的需求出现，全新的鲜果茶战略于 2021 年 5 月完成全面升级。通过全力主攻鲜果茶赛道，精准切入中端价位鲜果茶空白市场，沪上阿姨单店营业额平均提升了 30%。截至 2023 年 3 月，沪上阿姨已在全国 200 多个城市，累计拥有门店超过 5000 家。

需求痛点

随着新茶饮市场规模快速增长，赛道竞争愈加白热化，在资本的助推之下，行业马太效应愈加显著，有资本、有品牌、有资源、懂流量玩法的头部品牌越来越强，而相对弱小的品牌以及不懂线上流量玩法的品牌则被加速淘汰。过去几年受新冠疫情的影响，该行业的公域投放效果已不如以往，行业整体营收受到较大程度的冲击。

在这样的大环境之下，新茶饮品牌想要破局获得新的发展，必须重新审视流量的价值，思考如何高效获取公域流量，沉淀私域流量，并通过运营将私域流量转化为真正的订单。而这正是沪上阿姨近年来布局的核心。

优秀实践

从公域"流量"到私域"留量"的生意新路径

与公域流量不同，私域流量的重点在于"留"。因此，在运营私域流量时，茶饮商家必须要考虑如何有效触达目标人群，把人群留存到哪里，如何加速留存人群的转化。沪上阿姨私域运营的核心便是围绕消费者动向在微信生态进行布局（见图 9-2），全面盘活私域用户。

连通微信生态 全域助力生意增长		
私域业态建设	**会员场景运营**	**小程序外卖**
面对面发券/支付后发券 视频号 小程序 搜一搜	社群运营 公众号运营 腾讯游戏人生 公益（一块捐/爱心餐）	公域平台导流 超时赔付 微信分账

图 9-2　沪上阿姨的微信生态布局

依托腾讯生态产品组合拳，沪上阿姨打通了公域私域联动的关键链路，在线下门店消费场景和线上交易场景广泛布局：首先，通过视频号进行投放，实现公域高效引流，初步触达用户，吸引用户的注意力，激发用户的兴趣。随后，沪上阿姨利用在"搜一搜"入口投放的优惠券，加速引导用户进入私域流量池。同时，沪上阿姨也会在通过视频号进行投放的过程中，推荐用户进入社群领取更多福利，以此实现留存用户的二次触达和激活。最后，在转化方面，沪上阿姨还会通过小程序、公众号的模板消息推送，短信通知等，为用户提供更多服务，以此打通用户全生命周期的交易链路，助力生意增长。

不仅如此，沪上阿姨还借助腾讯生态的多种私域玩法，打出"场景搭建 + 内容营销 + 用户激励"的营销组合拳，持续激发社群以及小程序用户的外卖需求，提高用户复购频次，收获更大的利润空间。

场景搭建：围绕小程序多重布局，提升互动率与强化消费意愿

面对线下渠道所面临的诸多不确定因素，沪上阿姨在私域外卖、团购等多场景发力，为线下门店开拓新的增量市场。沪上阿姨发现，在影响外卖成交的因素中，除食品本身的口味外，还有配送时长、配送费等一系列因素，于是，由此进行了一系列探索，助推私域流量转化。

▶ LBS+ 外卖超时券，保证送货时效性

在"沪上阿姨点单"小程序中，获得用户授权后，系统会自动识别用户所在的位置，并基于 LBS 匹配距离最近的门店，以保证送货时效性，提升下单率。品牌还贴心地设置了"常去 / 收藏门店"栏，方便记录用户消费习惯，并且即使用户不在常去的门店附近，仍可以快速选择常去的门店完成下单。在提交订单时，还会有"外卖超时发券"的提醒，一方面缓解用户等待焦虑的，另一方面也利用超时即可获得 3 元无门槛券的补偿策略，形成了复购拉力。

▶ 会员日免配送费，培养渠道消费习惯

沪上阿姨还通过"每周二会员日免配送费"的利益点，进一步强调用

小程序点外卖更实惠，并在小程序首页和点单页顶部最显眼的位置进行轮播展示。这不仅有助于打消用户对外卖配送费的顾虑，刺激下单，还能引导用户养成每周固定的私域消费习惯。

▶ 好友拼单，满足团购场景的需求

茶饮消费具有一定的社交属性，据外卖平台饿了么数据分析，近七成下午茶是一人饮需求，约三成是多人饮场景。沪上阿姨在小程序中，加入了多见于外卖平台的好友拼单功能。通过"一起买""一键 AA""享优惠"，既能解决拼单场景下分账的尴尬，也能吸引更多用户下单，带来裂变增长。

内容营销：打造内容矩阵，多角度输出品牌主张，占领用户心智

茶饮品牌除了要应对产品、价格和时效性的竞争外，还需要在用户的关注点和兴趣点上建立联系，因为用户会对自己感兴趣的内容产生明显的消费偏好。基于此，沪上阿姨围绕 15～30 岁的年轻受众的兴趣，重点布局私域渠道的内容实现"种草"。

▶ 公众号：趣味互动，塑造潮流品牌形象

沪上阿姨公众号文章以宣传产品福利为主，头条文章阅读量几乎篇篇突破 10 万人次。

品牌公众号可以以网络化的强图片、轻文字形式进行内容输出，以趣味互动的风格贴近年轻用户，营造参与感和仪式感。同时，结合特定的饮用场景赋予产品不同风格，塑造潮流品牌形象。内容上，主打活动营销，包括新品优惠、折扣优惠等。留言区则促进用户黏性和活跃度提升，进一步提高"种草"效率。

▶视频号：社交小剧场，分享产品使用场景

结合视频号的强社交属性，沪上阿姨在视频号内容上多围绕点单场景，以小剧场形式呈现。品牌可以以角色模拟的形式，多角度推广新品，比如以老师的口吻点单、用互联网行业的"术语"点单等，打造不同受众群体的代入感。

在视频内容中，沪上阿姨侧重分享单品的使用场景，包含新品和爆品。比如仙仙青提冰淇淋，要搭配"五分糖＋双皮奶＋大多肉"才好喝，从而将饮品的使用场景直观地展示给用户，为用户提供情绪价值和使用预期，激发用户下单购买。

用户激励：提升用户黏性与复购频次

对客单价较低的茶饮品牌而言，提高用户下单频次比提升客单价更容易。因此，沪上阿姨针对新老用户，利用多样化的折扣券、代金券玩法，持续提高用户复购频次。

▶老用户激励：签到、抽奖、积分、集点模式，提升私域用户黏性和
　复购频次

在"福利 GO"小程序签到、抽奖活动中，沪上阿姨均采用了即时奖励的策略。以签到活动为例，每签到一日都可获得不同额度的折扣券或代金券，以此刺激老用户即时产生消费决策。

在积分兑换环节，沪上阿姨以兑换满减券、减配送费券、无门槛优惠券、饮品免单券等丰富的形式，覆盖用户多样化的场景需求，提升积分的兑换率。如果老用户不想参与积分活动，也可选择集点模式，即集满指定点数可获赠大额代金券，这也能吸引老用户持续下单。

▶新用户激励：补贴、优惠、联名模式，持续引导转化

用户首次添加沪上阿姨企业微信后，可直接领取 1 张无门槛优惠券，这有助于降低新用户首单转化门槛。利用"每日抽免单"的福利吸引用户进群后，用户可再次领取 3 张时效性不同的社群专享满减券，这有助于引导用户在短期内持续复购。

除针对老用户的积分玩法外，沪上阿姨还兼顾到了积分少的新用户，通过与中国移动联名，新用户用中国移动的积分也可兑换不等额代金券，在"沪上阿姨点单"小程序下单时可直接抵扣相应金额。跨界联名助力沪上阿姨实现了更多私域用户转化。

数据成果

- 截至 2023 年 3 月，沪上阿姨小程序累计注册会员突破 5000 万人，小程序堂食渗透率突破 65%，月度复购会员的消费频次平均达到 1.5 次。

- 在视频号方面，截至 2023 年 3 月，沪上阿姨单场直播活动平均在线观看用户数突破 7 万，单场直播活动中的点赞量更是突破了 35 万。

- 在小程序外卖方面，通过门店推动店长大赛激发一线积极性，并就到店客流→社群→小程序外卖开展私域引流营销，同时，作为首批商户参与外卖公域私域联动，沪上阿姨最终实现了单城单日破万单的好成绩。

案例：Tims 天好咖啡

案例亮点

通过搭建由订单中心、小程序、会员体系和 BI（Business Intelligence，

商业智能）组成的数字化体系，Tims 天好咖啡在交易营销端和门店管理端不断转型升级，真正做到了"开源节流"，增强了品牌的抗风险能力。同时，Tims 天好咖啡还依托小程序、企业微信社群等私域布局，打造品牌和会员之间的互动场，唤醒会员，提升活跃度。

企业概况

Tim Hortons 在加拿大有"国民咖啡"之称，是全球最有价值的咖啡连锁品牌之一连续多年入围由英国权威品牌评估机构 Brand Finance 发布的"全球最有价值的 25 个餐厅品牌"排行榜。

2019 年，Tim Hortons 进入中国市场，并改名为 Tims 天好咖啡。凭借"咖啡＋暖食"的特色组合、积极有效的本地化策略以及创新的社区化经营，Tims 天好咖啡在中国市场快速发展。截至目前，Tims 天好咖啡已完成中国市场的初步布局，在上海、北京、广州、深圳、重庆、成都、南京、杭州、福州、郑州等 30 多个城市拥有超 600 家门店，其中在上海的门店数量超过 200 家。

需求痛点

随着烟火气逐渐回归，咖啡市场重回发展快车道。不过，随着产品同质化、行业竞争不断加剧，越来越多的市场参与者开始探索数字化转型和精细化运营。同时，如何精准抓住年轻消费者的诉求，占领消费者心智，也成为各大咖啡品牌"留量"必须考虑的重要因素。

因此，Tims 天好咖啡携手腾讯智慧零售，持续释放数字化运营红利，以精细化运营降本增效，增强品牌竞争力，并进一步增强用户黏性，寻求新的生意增量，实现流量和销量的双突破。

优秀实践

持续强化数字化升级，真正做到"开源节流"

2019 年 2 月，Tims 天好咖啡中国首店在上海开张了。

由于有腾讯投资的背景，Tims 天好咖啡刚到中国，就开启了数字化进程，通过搭建订单中心、小程序、会员体系和 BI，打通数据，实现 BI 可视化，完成了数字化初步基建。消费者不仅可以通过小程序在线点单，还可以在线参与"买一送一"的新店活动，这初步实现了会员的在线汇聚。

然后，Tims 天好咖啡不断迭代小程序，对会员体系进行优化，在小程序上开展越来越多的活动，同时做起了视频号，搭建起越来越多的社群，更多地触达会员。从聚焦基建到精细运营，品牌与会员的互动更加频繁，进一步加深了数字化程度。

2023 年伊始，Tims 天好咖啡门店数便突破了 600 家，随着门店规模越来越大，Tims 天好咖啡开始搭建自己的交易营销中台，以提高响应速度。

通过持续深化的数字化建设，Tims 天好咖啡全方位地"开源节流"，提升了品牌的抗风险能力。

在"开源"上，现在消费者一天有 70%～80% 的时间都在线上，线上成了生活、工作的主场。当线下顾客转变成线上会员后，Tims 天好咖啡在线上开展的活动，消费者都能很便捷地参与其中，这极大地拉近了双方的距离。

在售卖端，Tims 天好咖啡通过数字化重塑交易链路，实现了线上点单，到店领取咖啡。整个过程更加便捷，消费者不用过多地等待，体验感大幅提升。同时，线上点单积累的数据，不仅可以让品牌更大程度地了解到消费者的口味偏好和消费习惯，还可以帮助品牌洞察消费趋势并推出相应的产品，例如根据健康的新趋势，推出一些低咖啡因的产品。消费者大数据的加持，让 Tims 天好咖啡的产品决策更清晰，运营更精准。

除了满足产品上的需求，Tims 天好咖啡还会根据会员的反馈，积极达成与其他品牌的合作，实现会员的心愿，不仅满足他们的精神需求，也为未来发展构建更加清晰的品牌内核。

可以看出，数字化让 Tims 天好咖啡与消费者更加亲近，也使品牌可以更好地服务消费者，有的放矢；消费者也用更高频的购买给予了积极的反馈，使 Tims 天好咖啡的营业额不断提升，真正做到了"广开源"。

在"节流"上，Tims 天好咖啡依托系统化、数字化的管理，更好地记录、追踪、优化作业流程，做到了运营效率更高，成本更低。门店的智能排班、自动订货等流程，也在数字化系统的助力下，实现了优化。这样一来，当品牌规模效益爆发，营业额不断提升时，人力成本却不会大幅增加，这大大提升了企业盈利的可能性。

开源节流是企业运营恒久不变的主题，Tims 天好咖啡在数字化转型进程中通过不断创新，让这一主题落实得更加彻底。

小程序搭建完整会员路径，加速新品传播、裂变

从进入中国开始，Tims 天好咖啡就在微信搭建小程序，并将其视为数字化建设的重中之重。对 Tims 天好咖啡来说，小程序不仅仅是线上门店——方便消费者在线点单，省时高效，还是品牌和会员之间的互动场——通过多种营销活动与消费者互动，更是一个服务场——方便品牌更好地服务用户。

另外，小程序也是 Tims 天好咖啡会员体系的重要载体。Tims 天好咖啡在小程序上搭建了从"迷你咖"到"大咖会员"的完整会员路径，引导会员享受折扣权益、情感权益，并探索成就徽章、免排队等新权益，让会员的黏性越来越强。同时，会员体系也是进行会员个性化运营的重要依据。Tims 天好咖啡针对不同的会员标签策划不同的营销动作，根据不同会员的消费频次和消费喜好，推送不同的券包，收获了良好的营销效果。

如今，Tims 天好咖啡已经拥有了超过 1100 万名粉丝。这个巨大的私域用户池，正成为品牌重要的发力点，特别是在产品上新这一重要环节。

之前，Tims 天好咖啡只在上新当天对新品进行重点宣传推广。现在，通常从上新前第三天就开始在小程序上宣传，充分的预热让新品有了口碑发酵的可能性。Tims 天好咖啡通过可免费领取的新品买一送一券，向会员宣传推广新品，同时激励他们与朋友一起来尝鲜。在上新的第三天，Tims 天好咖啡则会推出新品券包，如 2 杯 8 折券，吸引体验过新品的消费者再次购买，增加消费频次，同时还会在社群中进行宣传，如在社群中定时发送新品福利。上新一段时间后，针对那些过往消费频次较高但还未尝新的会员，Tims 天好咖啡还会赠送新品 5 折券，邀请他们来尝试新品，进一步扩大新品的覆盖面。

Tims 天好咖啡小程序这一围绕新品的持续打法，不仅拉新效果明显，使新品渗透率提高，而且使新品大爆的概率大大增加了。而且，将原本用于新品宣传的媒体投放费用转变为会员福利，不仅节省了成本，也使会员对品牌的好感度大幅提升了。

社群精细化运营，全方位互动唤醒会员

随着私域运营的不断精细化，Tims 天好咖啡正逐渐聚焦社群运营。对会员基数达千万级的品牌而言，如何唤醒会员、提升活跃度，是一大难题。

被广泛应用于各大企业的企业微信，也成了 Tims 天好咖啡行之有效的社群运营工具。无论是朋友圈、一对一消息发送，还是在社群中推送消息，企业微信都能很快地唤醒用户，提升活跃度。Tims 天好咖啡的数据对比显示，企业微信社群成员的消费频次是普通会员的 1.5 倍，可见，企业微信社群对 Tims 天好咖啡整体营收的提升有着巨大的贡献。

此外，品牌召集的年轻客群，不仅在社群中有较高的发声意愿，对新工具、新活动的接受程度也更高。借助企业微信的接龙、裂变等功能，Tims 天好咖啡能够更好地满足用户需求。

未来，在私域生态领域，Tims 天好咖啡希望能通过更有效的会员运营，带动更多会员消费，并通过集中资源搭建营销中台，打造更好的载体和体系去服务好用户。此外，Tims 天好咖啡的会员体系也将不断迭代，权益会更细分，权益跟品牌的关联度也会更高，以及和会员的互动更丰富、更温暖。用户能够更强烈地感知到会员体系的价值。

数据成果

- 自 2019 年进入中国市场之后，Tims 天好咖啡业务快速增长，后于 2022 年 9 月 29 日，通过"SPAC（Special Purpose Acquisition Company，特殊目的收购公司）+PIPE（Private Investment in Public Equity，私人投资公开股票）"的组合模式赴美上市。上市后的首份季报显示，Tims 天好咖啡实现总净收入 3.06 亿元，同比增长 67.9%；经调整的自营店 EBITDA（Earnings Before Interest, Tax, Depreciation and Amortization，税息折旧及摊销前利润）为 1940 万元，同比增长 336.6%；净新开门店 46 家。

● 截至 2022 年，Tims 天好咖啡已经拥有超过 1100 万名粉丝，会员营收占比达 70%。此前，在 2021 年底，Tims 天好咖啡的月会员复购率已近 40%。

案例：瑞幸咖啡

案例亮点

瑞幸咖啡通过自上而下定位私域重点，结合品牌直面职场人群的定位以及职场人群的聚集性和流量规律性，将社群设为品牌在私域最强的营销触点，并第一时间成立了专门的"社群运营部"，由 CGO 直接管理，自上而下推动全国社群有序开展。同时，瑞幸咖啡通过企业微信、视频号等数字化工具赋能用户沉淀，进行消费者的精细化运营。

企业概况

瑞幸咖啡总部位于厦门，是中国门店数最多的咖啡连锁品牌之一。瑞幸咖啡以"创造幸运时刻，激发美好生活热望"为使命，充分利用移动互联网和大数据技术的新零售模式，与各领域优质供应商深度合作，打造高品质的消费体验，为顾客创造幸运时刻。

需求痛点

近年来，国内茶饮咖啡类市场进入高速增长期，庞大的市场引来了越来越多的品牌，导致赛道拥挤，品牌在众多竞品中难以突出自身价值。从消费人群的生活习惯来看，中国并没有发展咖啡文化的肥沃土壤，中国人对咖啡也没有太强烈的消费热情，那么如何吸引、沉淀用户，甚至培养用户的咖啡消费习惯，便成为咖啡行业的一大痛点。

瑞幸咖啡希望可以通过与腾讯智慧零售合作，借助社群及其他微信工具实现用户的循环裂变与沉淀，进而达成 GMV 的良性增长。

优秀实践

自上而下定位私域重点

对私域的定位通常基于企业对自身及行业的判断。茶饮咖啡类企业本身入局私域较早，加之各品牌百花齐放，在竞争中拥有一席之地并不容易。

作为定位于直面职场人群的品牌，结合职场人群的聚集性和流量规律性，瑞幸咖啡最初就将社群设为品牌在私域最强的营销触点，力求包揽上班族工作日的咖啡需求。

如果品牌私域是一棵树，组织力就是根；如果品牌私域是一栋大厦，组织力就是地基。在组织力层面，瑞幸咖啡管理层在第一时间成立了专门的"社群运营部"，由 CGO 直接管理，同时，社群运营部的负责人均为企业里有经验的员工，这也为多部门协调及落实打下了良好的基础。瑞幸咖啡总部社群运营部共 10 人，分工包含活动、文案、设计、数据、项目管理等方面，全方位助力全国门店社群活动有序开展。

为了促进各门店积极参与，瑞幸咖啡在内部大量宣传社群对单店业绩的提升作用，并通过初期招募店长定点运营，量化对于营收的提升效果，同时精选优秀案例，并将其推广至各大门店。

技术工具赋能用户沉淀

与实体店广泛布局相似，瑞幸咖啡在私域引流方面也几乎没有"死角",实现了线上线下齐头并进。

在线下,除大量布置二维码卡片外,门店人员还会对用户进行引导,邀请他们入群;在线上,流量分别来自公众号、小程序与 app 三大渠道,主要以折扣优惠券为利益点引导用户点击,它们最终都会跳转到同一个页面——企业微信。2021 年 3 月,视频号的使用也为瑞幸咖啡的引流助了一把力。

▶企业微信:LBS 分层助力高效运营

瑞幸咖啡运用企业微信的亮点在于通过 LBS 实现用户分层。

瑞幸咖啡的群二维码采用的是企业微信渠道活码,会根据 LBS 进行定向展示,即根据用户定位生成用户附近的门店社群二维码(用户除了可选择常常回购的门店社群,还可任意选择门店社群进行添加),将用户引入最有可能发生购买行为的实体店社群,从而实现线上多次触达、线下近距离配送或用户自提的高效运营模式。

瑞幸咖啡的企业微信号名为"首席福利官 lucky"。与市场中常见案例的个性 IP 不同,lucky 的人物个性并不鲜明,其发布的内容有强烈的指向性——转化,朋友圈内容多以福利优惠活动的发布为主。对瑞幸咖啡来说,比起吸引眼球的人格设定,以"便利性""实用性"为主要定位的客服 IP 角色更能推动产品转化。

▶视频号:"陪伴式"直播促进消费习惯

瑞幸咖啡视频号的内容最早可追溯至 2021 年 3 月,彼时视频号直播爆发。继春节视频号与微信红包打通,并逐渐与公众号形成连接后,大量品牌争相在视频号进行布局。

与常见的带货直播不同，瑞幸咖啡的直播定位"陪伴"，目前已形成固定时间——周一至周五的早上 9：30 至下午 5：30 左右，几乎覆盖了大部分职场人群的工作时间。

从其视频号"天天有福利"的内容简介便可知，瑞幸咖啡使用视频号工具同样是以转化为主，其直播页面的信息也多为简单直接的福利领取方式，如"每日直播领券"，扫码即可领取 5 折券；页面底部也常标注"今日关注，明日开奖"的字样，即从关注的粉丝中抽取 30 位送出免费咖啡，在每周二、周五形成周期性福利发送。

在日常视频内容推送中，瑞幸咖啡也会附上优惠券领取链接。无论是推送内容还是在直播中发送福利，其本质都是试图培养用户的消费习惯："买咖啡？先来领张券，瑞幸咖啡全天恭候。"

值得一提的是，瑞幸咖啡也通过视频号实现了与用户的内容共创。自2021 年 6 月起，瑞幸咖啡视频号的推送内容中逐渐出现了"匿名粉丝投稿"系列内容，根据直播的评论内容设计脚本，制作搞笑视频，既促进了转化，也使瑞幸咖啡与用户的互动灵活了起来。

运营设计推动消费裂变

对于茶饮咖啡类产品，消费者决策周期短，因为简单的"离得近""恰好有优惠券"等原因往往即可推动消费决策。因此，相比于精美的内容设计与铺垫引导，"转化"更是其社群运营的互动重点。

这点从瑞幸咖啡的社群运营节奏上不难看出。对用户的定期触达提醒，紧贴职场人群上班、午饭、下午茶、下班的时间场景，依据在不同时间场景可能产生的需求进行优惠推送，培养用户的消费习惯；同时，设计限量优惠福利、灵活领券玩法及互动方式，从而实现消费频次增加。

在裂变方面，瑞幸咖啡设立了低门槛、高回报的邀请机制。用户成功邀请好友购买瑞幸咖啡，即可领取饮品抵用金。首次成功邀请好友购买可获得抵用金 20 元，而在成功邀请第 2 名好友和第 3 名好友购买后，仍可分别领取一张 18 元的饮品抵用券。由于规则简单且入口较多，此项机制使得潜在推广人群规模实现了最大化，同时，由于面向新人的福利优惠力度也较大，用户的邀请动作更容易达成。

可以看出，与传统的 AARRR（Acquisition，用户获取；Activation，用户激活；Retention，用户留存；Revenue，获得收益；Referral，推荐传播）模型不同，瑞幸咖啡基于自身定位与特点进行了运营策略的调整。AARRR 模型，分别对应用户全生命周期的拉新、激活、留存、转化和裂变五大环节，然而比起许多品牌重点关注的留存，瑞幸咖啡反而在拉新阶段投入了更多的设计，包括新人礼、老带新等机制，再通过群内的拼团、砍价等福利形式促进用户黏性提升。特别之处在于，老带新、拼团等机制设计使裂变阶段贯穿了用户全生命周期，每一步都在形成新的增量。

数据成果

- 截至 2021 年底，瑞幸咖啡的企业微信好友已达 800 万～900 万人，并且以 3 万个社群覆盖了 450 万名社群成员，社群平均每月新增成员 50 万～60 万人。数据显示，用户在进群后消费频次比进群前提高了 30%，且没有对笔单价造成影响。

- 在视频号中，普通产品直播每月 4 次，月度新增关注用户数可达 100 万；咖啡门店直播覆盖每个工作日的 8 小时，平均每天观看用户数可达到 15 万。

- 自 2020 年开始布局私域，仅 3 个月的时间，瑞幸咖啡的私域用户数就超过了 180 万，其中 110 万用户加入了 9100 多个围绕门店组建的用户福利社群，由此直接带来每天 3.5 万杯的订单。普通客户变成社群用户之后，月消费频次提升 30%；周复购人数提升 28%；MAU 提升 10% 左右。

| 第 10 章 |

家居家装行业的全域经营打法与案例

家居家装行业的发展趋势

中国建筑装饰协会的统计数据显示，2021 年家装行业的市场规模大约在 2.85 万亿元，年增速约为 18.89%。据估算，整个家居家装行业的市场规模已经突破 5 万亿元。我国家居家装行业不仅市场规模基数大，而且随着老房改造需求不断释放，以及精装修政策激励等，预计 2025 年家装行业市场规模将达到 37 817 亿元，年复合增长率达 7.6%。与之相对的是，家居家装行业的电商市场规模和渗透率却一直在低位徘徊。

庞大的市场规模，加上较低的电商渗透率，使得家居家装行业成为各大电商平台寻求增长的主战场。不过，家居家装行业也被称作"电商最难啃的骨头"，不仅服务周期长、流程复杂，而且交付标准不统一、非常依赖线下体验，想要完成全链路的线上改造，难度非常之大。市场调研显示，消费者的家居家装消费需求主要来自新房装修、二手房翻新和租房改造等，消费频次较低。一般来说，从需求产生到最后下单，消费者的决策周期要 3～6 个月，甚至更长时间。

此外，由于家居家装产品具有低频、耐用、难以更换的特点，消费者在线上了解后，往往还需要到店去实际体验，然后才能做出购买决策。消费者购买后，产品和服务的履约交付，也需要依赖本地经销商的服务人员进行上门服务，如上门测量、设计方案和上门安装等。

因为家居家装行业的这些特有属性，连接和打通线上线下的 O2O 模式被认为是该行业数字化升级的最佳选择。

近年来，随着市场需求的迁移，家居家装行业的经营模式正在悄然发生变化。

一方面，整装日渐成为主流。随着 80 后、90 后成为家居家装行业的主流消费人群，为了满足年轻消费者的个性化需求，家居家装行业开始走向定制化，并逐渐由单一环节定制向全屋定制演变。以北京市场为例，艾瑞咨询发布的《2023 年北京整装市场研究白皮书》显示，北京整装市场在 2023 年将迎来全面回暖，且在未来的 3～5 年内北京整装市场的体量也将会以一个较为平稳的态势持续走高，预计到 2026 年市场整体规模可达到 192 亿元。

另一方面，数字化转型与线上线下联动成为行业关注的焦点。伴随整装、定制等需求的增加而发展起来的电商业务，以及直营渠道的兴起，都大幅提升了家居家装企业的管理难度。为了更好地提升消费者运营和企业内部管理效率，近年来家居家装企业也越发重视数字化建设。目前，头部企业基本已经完成了数字化体系的初步搭建，正朝着系统互通和消费者数据一体化的数据中台进化。

值得强调的是，尽管家居家装行业的数字化程度在不断提高，但消费者的决策仍然强依赖于线下体验，因此消费者的数字化体验将是未来行业需要重点发力的方向。

家居家装行业全域经营的难点

由于行业特有的属性，一直以来家居家装行业的发展面临诸多挑战，而市场环境的变化更是使挑战进一步加剧。

首先，拓客成本持续上涨，推广获客难。 流量是一切生意的基础，对家居家装行业来说，获取流量（获客）的难度和成本要远高于其他行业。大部分人一生可能只会装修一两套房子，每套房子装修后的使用年限至少是 10 年，单次装修的费用也基本在 10 万元起步。单次消费、高单价、无回头客，这些都是家居家装行业无法回避的客观事实。尤其是近年来随着公域流量红利见顶，家居家装企业的拓客成本不断上涨，普遍占到了销售额的 10% 以上。

其次，决策链路长叠加体验割裂，转化难。 由于决策链路长，家居家装行业的客户流失情况十分严重。消费者在进行消费决策前，通常会先在线上浏览，然后到店体验，但消费者在线上遇到的客服，和在线下咨询的导购，通常不是同一个人。此外，装修一般由家庭集体决策，不同家庭成员的想法和需求并不完全相同，他们可能会通过不同渠道和方式同时向品牌方咨询，这就导致线上客服和线下导购了解到的客户需求不一致，因此主推的方案也大相径庭。这种消费者体验上的割裂，使转化效率极为低下，最后大部分客户都白白流失了。

再次，交付质量不可控，服务标准化难。 家居家装行业的产品和服务难以标准化，交付过程重度依赖各地经销商。因此，如何对各个城市的经销商进行高效管控，以确保交付质量的统一，是提升用户满意度的关键。

交付的标准化一方面要靠流程和细节的标准化实现，另一方面也离不开完善的后台系统、健全的激励制度支撑，包括针对各个施工交付环节建立明确的规范和标准，借助后台系统使所有环节信息化、数据化。这一点说起来简单，落实起来难度就很大了。即使搭建好了后台系统，要同时管理全国成千上万个工地和工人也并不容易，需要让工人每天在后台上传当天的工地信息，以及让工地工长、监理、设计师实时将节点信息上传平台，仅这两项动作就需要费不少工夫。

最后，品牌用户资产积累能力弱，数据应用难。由于重度依赖经销商的业务模式，过去大部分家居家装企业的数据都不掌握在品牌手中，而是分散在各个经销商门店，难以归拢。同时，品牌现有的数据也存在精确度差等问题，导致企业使用数据驱动决策时偏差较大。

家居家装行业全域经营的核心打法

针对业务经营过程中的诸多难点，部分具备前瞻性的家居家装企业开始以全域经营为核心，通过升级技术能力，针对获客线上化、营销线上化、客户运营线上化做业务革新，以降低经营成本，提升服务质量。在业务实践过程中，不同细分领域的不同企业依据自身业务特性和经营情况，形成了各有侧重和各具特色的打法，但归纳而言，基本离不开以下三大抓手。

门店与客流数字化

家居家装行业是个性化需求消费行业，产品的排列组合方式众多。即便是大卖场，能够陈列的种类也很有限，而且会造成巨大的空间浪费。企业通过门店智慧屏幕构建消费者互动触点，不仅能够极大地拓展展厅的展示能力，而且能够更好地掌握消费者的行为轨迹和偏好。同时，通过搭建千店千面的小程序，打通线上线下库存，企业还能为门店在离店场景下开展生意赋能，打破时间和空间的限制。

以立邦为例，2020年立邦精心筛选了旗下1000家优秀门店上云，并制定了完善的激励政策，鼓励门店开展线上业务，打破营业空间和时间的限制，带动门店向云店转化。同时，立邦以小程序商城为私域阵地，打通了公众号、搜一搜、视频号等公域私域触点，塑造了一个线上线下打通的数字化会员系统。

导购数字化

对家居家装行业来说，面向终端消费者的导购是最重要的流量捕手。如何通过优质的服务促进潜在客户转化，十分考验导购的专业知识和经验。通过灵活高效的数字化工具为导购赋能，即便是刚入行的一线导购，也能像"金牌销售"一样游刃有余地及时响应客户需求。

为了提升导购的服务能力，索菲亚在企业微信"素材库"功能的基础上，收集了全国各地"金牌销售"的话术，一旦接到客户咨询，导购在几秒钟之内就能找到最佳的参考回答。此外，"素材库"中还有关于家装的各种知识，比如美式设计风格、新中式设计风格、不同材料的优缺点，而且有文字、图片、视频等各种形式的讲解，更加直观形象。

立邦则建立了一套体系完善的导购管理系统，通过数字化工具赋能每一位导购，帮助他们实时获取营销内容，并打造每一位导购的个人专属海报，同时通过对应的二维码帮助他们管理裂变及订单流程，并配合完善的激励机制充分调动导购的积极性。同时，立邦还开设了线上家装课堂等直播和录播课程，供导购随时学习，帮助他们全面提升服务能力。

营销与服务数字化

在微信生态内，企业通过公域私域联动的营销玩法，可以降低在公域中获取流量的成本，并以微信私域运营作为企业内生的增长引擎，不断满足消费者的个性化需求。

具体而言，家居家装企业可以通过在朋友圈、公众号、视频号等发布广告高效获取付费流量，或者在搜一搜搭建品牌专区，汇集免费的搜索流量，进而将这些公域流量沉淀至品牌的公众号、小程序、视频号等私域用户池，进行精细化运营。

企业还可以在公众号定期发布家装科普和案例拆解等优质内容，或者通过视频号直播对潜在客户进行"种草"，并借助用户转发分享形成裂变。用户只要点击商品链接或图片，就可以直接跳转至小程序商城进行购买或下定，在微信生态内就可以通过更短的链路形成高效转化。

以欧派为例，欧派于 2020 年 6 月开始进行视频号直播的常态化运营，目前已经形成了一套颇具特色的"IP 打造＋经销商私域引流＋明星直播间转化＋线下跟进成交"的线上营销模式。用户观看直播与咨询欧派终端店员的行为都可以在微信生态内自然完成，完美解决了订单转化后的量房、设计、出图、安装等一系列沟通问题，微信生态很好地承载了欧派的服务体系。同时，私域可作为家居家装行业重要的服务履约窗口，小程序可追踪和展示商品服务的履约环节，包括量房、物流、安装等，并可与订单绑定，结合电子签功能完成线上签约，实现交定金、付尾款等功能。

索菲亚则通过企业微信，把消费者、经销商、工厂三端的信息打通，为消费者打造了一个"透明工厂"。客户下单后，索菲亚的员工就会通过企业微信给客户推送订单进度消息，客户在微信上就能看到自己的家具是在排队等待生产还是已经做好了，是否已经发货，以及预计什么时候可以预约上门安装等信息。

欧派、立邦和索菲亚等行业头部企业，将微信生态内的公域私域触点与自身业务实践有机结合并灵活运用，高效开展全域经营，不仅有力地推动了业务的高速增长，也为行业的整体数字化转型提供了接地气和多元化的样本。

案例：索菲亚

案例亮点

依托微信生态，索菲亚一方面建立了一条"建立联系—用户激活—取得信任—成交裂变"的私域用户成长路径，全域触点高效精准触达，加速流量转化；另一方面则打造了"蓄客引流—直播促单—引流到店—成单收款"的视频号直播模式，同时辅以具有竞争力和吸引力的线上工具，更好地实现本地化，完成了从线上到门店的高效引流转化。

企业概况

索菲亚家居是一家主要从事定制柜、橱柜、木门、墙地一体化、配套五金、家具家品和定制大宗业务的研发、生产和销售的公司。公司于2011年在深圳证券交易所成功上市，是行业内首家 A 股上市公司。

索菲亚拥有覆盖全市场的完善品牌矩阵——"索菲亚""米兰纳""司

米""华鹤",覆盖衣、橱、门等多个品类,在集团产品研发赋能和供应链保障的支持下,实现纵深渠道全面发展,在全国各地拥有全品类多渠道门店 4000 多家。

需求痛点

家居消费进入重社交、强"种草"时代,作为"新家居消费群体"的90 后的消费习惯也在发生迭代:需求个性多元、习惯线上"种草"、追求消费体验。为满足新需求,如何在陌生消费者中快速建立起"强专业 + 强信任背书"两大基础,以消费者为中心,围绕消费者决策周期中每一个环节精准触达,全渠道打造极致化服务体验是关键。另外,在疫情后时代,传统经销商生意模式面临着线上流量获取成本高、线下门店客流分散、客户管理能力不足、品牌与消费者(用户)之间没有连接、运营效率低下等问题。

因此,索菲亚希望通过全域布局,有效降低营销成本,塑造品牌信任,在精细化用户管理下,减少用户流失,并提高销售转化效率,赋能业务增长。

优秀实践

打造私域用户成长路径,全域触点高效精准触达

家居家装行业具有低频、高客单价的特征,消费者在做购买决策时往往很谨慎,需要专业性较强的内容辅助决策,成交环节较长,转化难度高,但消费者在装修过程中,交流的欲望也会非常强,带有较强的社交属性。基于此,索菲亚建立了一条"建立联系—用户激活—取得信任—成交裂变"的私域用户成长路径,运用全域触点高效精准触达用户,在每个环节用不同的方法去促成转化。

▶阶段一：多渠道引流，与消费者建立精准连接

消费者对品牌认同的背后是价值驱动，品牌能够提供的价值越大，消费者对品牌的信任度就越高。索菲亚在信息流广告、短视频平台、家装平台及线下活动等渠道，用干货、活动内容吸引消费者成为公众号粉丝，或直接引流添加企业微信好友，提供售前一对一的线上咨询服务，满足各消费阶段的服务咨询需求，同时利用预约报名工具获取的高质量线索，实现精准分配。

▶阶段二：快速跟进激活消费者，持续完善消费者画像

在消费者成为企业微信好友后，索菲亚借助 SCRM 工具触发跟进 SOP，提醒销售人员快速跟进，了解消费者装修进度、房屋类型等基本信息。对于刚接触家装的消费者，销售人员可针对他们急需了解装修知识等痛点，做到有问必答，并给他们发送装修案例、科普知识，将得到的信息用于消费者标签体系的初步完善。在完成首次需求挖掘后，销售人员再进一步沟通，持续完善消费者画像。

▶阶段三：多方协作提升服务力，构建信任、精准营销

索菲亚还依托微信生态建立了一客一群，连接总部工厂、门店销售人员、设计师，多方协同共同服务客户，提升成单率，并以口碑带动转介绍。在此过程中，门店销售还会进一步挖掘需求，不断构建信任，提高邀约到店的成功率；同时，索菲亚总部会根据不同客户分层做社群运营，制定社群 SOP，针对不同的社群属性发送不同的内容，实现精准营销。

▶阶段四：口碑分享，助推裂变拉新

在客户转化后，除了标准的定制方案外，索菲亚还持续为客户提供优

质服务，通过 SOP 维护提醒、定期回访等，及时解决客户的问题，塑造品牌口碑，助力转介绍拉新。

视频号成品牌营销新标配，内容直播双引擎拓赛道、促转化

索菲亚认为，视频号作为更容易实现冷启动、几乎 0 门槛的直播平台，依托微信社交生态，可实现低成本流量商业化。

▶ 视频拓宽内容赛道

索菲亚早在 2020 年便开始布局视频号矩阵，包括以品牌资讯、新品上市、装修干货、大促活动等内容为主的官方企业号，以客户家一镜到底、新品实拍、门店逛店等内容为主的功能型账号，以弱化品牌、强化 IP 形象的个人 IP 号等。

▶ 直播促进流量转化

2021 年初，索菲亚做了一场视频号直播，GMV 高达 2165 万元。自此，总部通过打造"蓄客引流—直播促单—引流到店—成单收款"这一模式，配合具有竞争力和吸引力的线上工具，实现了从线上到门店的高效引流转化。在直播活动前，索菲亚会通过视频号发布预热视频内容，并配合预约直播小程序、总部私域用户池＋门店导购私域用户池、朋友圈渠道等加大推广力度，为直播造势，同时还会将定制政策福利打包成虚拟商品，以卡的形式售卖，进行锁客。在直播过程中，索菲亚会通过直播间互动、社群、朋友圈分享等多个动作，引导转发分享，以私域反哺公域，撬动并导入更多流量进直播间。与此同时，线下销售门店服务的客户也会被充分引导到视频号直播间成交。在直播结束后，再持续触达、服务客户，提供闭环的极致体验。

▶打造经销商视频号矩阵，加速本地化步伐

2022 年，索菲亚着力于本地化的社交趋势，点对点地以视频号赋能区域新商机，助力超 110 个区域开设并运营区域视频号，从 0 到 1 打造了索菲亚经销商视频号矩阵，成为家居定制行业视频号纵深布局的先锋标杆。

在本地化趋势下，索菲亚各区域根据自己的节奏，将营销活动以视频号直播的方式落地，在此过程中，总部充分赋能各区域，包括提供素材、创建商品链接、提供活动优惠政策等。在 2022 年双 11 期间，索菲亚视频号直播共计有 50 多个城市的门店参与，开播场次超 60 场，线上订单突破 1500 单，观看人次高达 5 万，实现了从线上到线下的精准引流转化。

数据成果

- 截至 2022 年索菲亚通过培育全域获客渠道，全网沉淀私域流量粉丝超 2000 万人。

- 2022 年索菲亚打造了全国经销商视频号矩阵，累计建立并运营 100 多个城市账号，视频号直播全年累计超 200 场。

案例：立邦

案例亮点

以小程序商城为私域阵地，立邦通过打通微信公众号、搜一搜、视频号等公域私域触点，实现全链路经营数字化，打破营销的空间和时间壁垒。基于此，立邦一方面精准赋能导购，贯通线上线下资源打造私域流量池，驱动品牌持续增长；另一方面开辟三大引流拉新路径，并建立了"品牌总部统一直播，区域门店同步参与"的直播体系，加速将用户引导至小程序商城进行转化和复购，不断创造私域复利。

企业概况

立邦隶属于新加坡立时集团，1992 年正式进入中国。立邦以"刷新美好生活空间"为企业使命，是中国涂料市场占有率排名第一的品牌。2020年，立邦开始布局私域，利用千店千面的小程序进行经销商赋能，覆盖逾1600 家门店、3600 名导购，构建了经销商门店"数字化二楼"。

需求痛点

作为一个典型的消费低频、客单价高体验导向型行业，涂料行业一直都重线下。随着数字时代的来临，面对年轻消费者的个性化需求和数字化消费趋势，涂料品牌面临着营销模式传统、客户撬动转化难等诸多痛点。而受新冠疫情的冲击，以及原材料、人工成本上涨等因素的影响，其在经营上存在着很大的不确定性。

因此，立邦希望通过布局小程序矩阵、公众号内容、视频号直播等，完成从线下到线上的客户导流，并撬动线上公域流量线索反哺线下销售，实现私域 GMV 的健康增长。同时，立邦上线了线上客户资料管理系统，实现了客户可追踪和营销可验效。

优秀实践

立邦以"数字 + 门店""数字 + 营销""数字 + 直播"全方位升级经营链路，延伸触点网络，通过更全面的流量系统、更丰富的资源以及更高效的线上线下协同，打造私域经营闭环，助推业绩增长。

门店与客流数字化："千店上云"，构建线上线下一体化服务

立邦深耕中国市场多年，在线下拥有庞大的经销商体系。2020年受新冠疫情的冲击和建材市场拆迁的影响，线下经营场景遭遇了重大挑战。为了加速恢复经营，建立健康持续的增长模式，立邦制订了"千店上云"计划。

具体而言，立邦精心筛选了旗下1000家优秀门店上云，并制定了完善的激励政策，鼓励门店开展线上业务。通过与腾讯合作，立邦搭建起了由"立邦采色灵感集""立邦刷新服务"和"立邦官方智慧商城"等多个小程序组成的小程序矩阵。其中，"立邦官方智慧商城"小程序每个季度迭代更新一次，以带给用户更好的服务体验。

同时，立邦以小程序商城为私域主阵地，打通了公域私域触点，辐射整个微信社交生态，生成多渠道触点网络体系，塑造线上线下打通的数字化会员系统，构建可重复触达的私域生态，缩短门店与消费者之间的互动链路，从而实现全链路私域闭环的经营提效。仅2021年上半年，立邦通过"立邦官方智慧商城"小程序线上触点给门店引流，便带来了超6000单成交。

导购数字化：精准赋能打通全渠道资源，驱动品牌持续增长

立邦建立了一套体系完善的导购管理系统，借助数字化工具赋能每一位导购，帮助他们实时获取营销内容，并打造每一位导购的个人专属海报，同时通过对应的二维码帮助他们管理裂变及订单流程，并配合完善的激励机制充分调动导购的积极性。

从消费者进入门店起，专业的立邦导购便会在一对一沟通中赢得顾客的认可，进而深入了解其在家装尤其是涂装方面的需求，并通过邀请消费者添加企业微信好友，实现消费者的聚合与沉淀，打造立邦的私域流量

池。导购还可将"立邦官方智慧商城"小程序一键分享给意向客户，"无须安装""用完即走"等优点，也大大提升了客户的体验意愿。客户可通过"立邦官方智慧商城"，一站式了解立邦的产品矩阵与服务优势，获取家装风格和色彩灵感，并在导购的支持下，探索符合自身需求的涂装解决方案，从而以超值好价实现需求转化。

此外，导购也会引导成交客户关注"立邦"公众号获取"电子质保单"，以便在此后通过售后回访等一对一沟通，并配合公众号和朋友圈等在线内容推送，进行长效的关系维护，加深客户对品牌的信任与喜爱，为业务的长远发展积累丰富的客源。

为了更好地帮助导购参与私域运营，立邦还开设了线上家装课堂等直播和录播课程，供导购随时学习，帮助导购全面提升服务能力。同时，立邦还为导购团队搭建起专属的数字化"工作台"，将各类品牌与产品资料、高频实用工具乃至培训学习课程都整合到一处，方便导购与客户展开高效且精准的后续互动。

基于导购与客户的触点网络，立邦以小程序商城为连接器，贯通线上线下资源。其前瞻性的策略显示，线上场景不再只是一种渠道或流量的补充，而是通过与线下资源打通、共生，并借助微信社交生态补足公域流量与精准定位营销，催生私域流量生态体系，为立邦的增长奠定基石。

营销与服务数字化：多渠道引流拉新，直播高效转化

基于完善的私域基础设施，立邦开辟了三大引流拉新路径：一是通过门店将现有的线下零售客户引流到线上；二是借助广告投放将客户沉淀至公众号或企业微信，再通过后续的持续运营提升转化率；三是通过装饰公司、社区群的装修工和油漆工等资源来寻找终端客户。

客户被导流至线上后，立邦便可以借助内容＋社群的影响力，进行全链路精细化运营。针对家居家装行业的低频属性，立邦还对社群玩法进行了创新，通过新楼盘推广、家居异业联盟导流等方式组建快闪社群，并在群内开展私域直播、限时优惠等活动，进行转化变现。

来自不同渠道的客户，最终都会被导流至小程序商城进行转化和复购，不断创造私域复利。其中，直播是加速小程序转化的有力手段之一。

基于小程序直播，立邦建立了一套"品牌总部统一直播，区域门店同步参与"的直播体系。直播前，立邦动员门店导购通过朋友圈、个人号、社群、门店等协同为直播蓄势导流。直播中，立邦邀请专业达人设计师，搭档"金牌导购"，为会员提供贴合区域消费者家居家装需求的私域直播。每场直播以"产品介绍＋抽奖"等营销活动形式张弛有度地进行，结合"秒杀＋半价"的组合打法和贴合私域客群偏好的选品策略，提升整场直播转化率。同时，结合家居家装行业全年销量分布情况及电商节点打造直播购物节，并通过复盘数据反哺直播运营，复制成功经验以不断优化直播效能。

在立邦的全面发力下，"立邦官方智慧商城"小程序一年的直播 GMV便达数千万元规模。

数据成果

- 发展私域一直是立邦的重要战略，自 2020 年入局起，立邦就单独成立了新零售团队，由总部统筹、区域分公司协力推进，从组织变革到业务路径实现彻底转变，累计覆盖全国 1600 多家门店，带动一线导购 3600 多名，并通过培训不断赋能一线导购，联动一线导购直播带货，形成品牌私域新势能。2021 年，立邦小程序 GMV 已达亿元级规模，私域覆盖超 170 万人。

案例：住范儿

案例亮点

　　立足微信生态，住范儿线上线下多触点、全生态布局，建立家居家装业务场景下的营销新场域，并形成"引流'种草'—运营'养草'—转化'拔草'—售后'育草'"的完整闭环。住范儿从线上获取公域流量，转化到私域进行沉淀与运营，再借助内容、社群运营建立信任，进一步通过沟通与陪伴式服务实现转化，打通覆盖客户全生命周期的人、货、场，充分确保对客户的全方位影响与成交促动，从而收获业绩的可持续增长。

企业概况

　　家居建材新零售服务商住范儿，由 4 名清华毕业生于 2015 年创立，宗旨是让年轻人"住得用心，活得有范儿"。住范儿在成立之初就发力自媒体，目前自营账号覆盖 15 个平台，粉丝超千万人，签约 KOL 覆盖 1100 万名粉丝。通过发布干货内容，住范儿成为全网最大、用户黏性最高的家居家装自媒体品牌。如今，住范儿的装修业务已覆盖北京、上海和成都三地。公司的一站式装修产品已从 2017 年的颜值革命 1.0 系列产品升级到目前的颜值革命 5.0 系列，公司累计服务家庭上万个，形成了深厚的产品研发能力，建立了坚实的交付能力壁垒。

　　2020 年，为了顺应市场需求，住范儿开展了家居建材产品的新零售业务，整合规划强大的家居品类供应链资源，通过粉丝运营、社群营销的方式，为客户提供超高性价比的全品类家居品采购渠道，全面解决客户的家居需求。截至 2021 年，住范儿已拥有 500 多个企业微信社群，私域用户规模接近 28 万人，成为国内最大的家居建材垂直电商之一，仅 2021 年住范儿 GMV 就突破了 5 亿元。2022 年 3 月，住范儿在北京新开业的"超级家居 MALL"，是围绕消费者视角、汇聚自身全部优势打造的新型家居卖场：为客户提供知识和灵感、一站式服务、精选产品、线上线下联动的家装服务。

需求痛点

不管是线上还是线下，装修行业作为刚需、计划性强且极其重信任的高消费领域，消费者都有着产品贵、价格空间弹性大、不知道买哪个好等苦恼。对缺乏专业知识的消费者来说，面对"全城跑断腿，产品挑花眼"的单纯线下卖场场景，以及仅能查看详情页信息的单纯线上电商场景，很难做出有效的购买决策。

因此，住范儿希望持续发挥其做好内容的意见领袖作用，构建高价值私域，并深度布局全域经营，在与消费者建立信任的同时，形成可持续的转化机制，全面提升品牌竞争力。

优秀实践

布局全域经营，住范儿的四件大事

当很多家居家装企业仍在焦虑流量太贵、经营成本越来越高时，住范儿已经立足微信生态，通过线上线下多触点对客户进行精细化运营，收获了品牌的新增量场。概括来说，在全域经营的探索布局上，住范儿做了四件大事。

第一，线上抓取流量。住范儿依托新媒体平台在线上抓取流量，持续创造优质的装修内容，以此获取有装修需求的客户。除此之外，住范儿还全网签约装修类网红，发展成为垂直的 MCN（Multi-Channel Network，多频道网络）机构，不断输出好内容。

第二，布局供应链。在线下，住范儿围绕家居建材 60 多个细分品类（如瓷砖、地板、洁具、沙发、窗帘、床垫、冰箱、洗衣机、智能锁、垃圾处理器等）加速布局。目前住范儿的供应链已整合 200 多家品牌，其中，"超级家居 MALL"销售 60 多种装修建材品牌产品、40 多种家具软装品牌产品、100 多种家电卫浴品牌产品。

第三，完善私域用户运营。在私域，住范儿全面完善了用户运营链路，即通过在订阅号、服务号、视频号等平台上发布的优质内容建立和维护与用户的信任关系；通过社群、线上装修设计课程进行用户维护，展开顾问式服务；通过团购、直播进行线上社交，加速用户转化；建立呼叫中心，邀约本地用户到店体验。

第四，打造线下极致体验。在线下，住范儿搭建了全新的大型零售场来服务装修客户，提供包括整装、设计、施工，以及建材、家电、家具购买等服务。既有整装服务，也有产品零售；既可线下购买，也可线上购买。丰富的场景给予顾客舒适的游逛体验，顾问式的导购服务同样给顾客友好、专业、透明度高的购物感受。

线上线下多触点，建立营销新场域

随着大量资源集中投向微信生态，住范儿通过线上、线下、社交、商业四大触点的建立，再配合强大的公众号矩阵、多元广告形式、高效流量触达、定向素材设计、数据监测优化等五大能力的塑造，建立了家居家装业务场景下的营销新场域，并形成了"引流'种草'—运营'养草'—转化'拔草'—售后'育草'"的完整的全域经营良性循环（见图 10-1）。

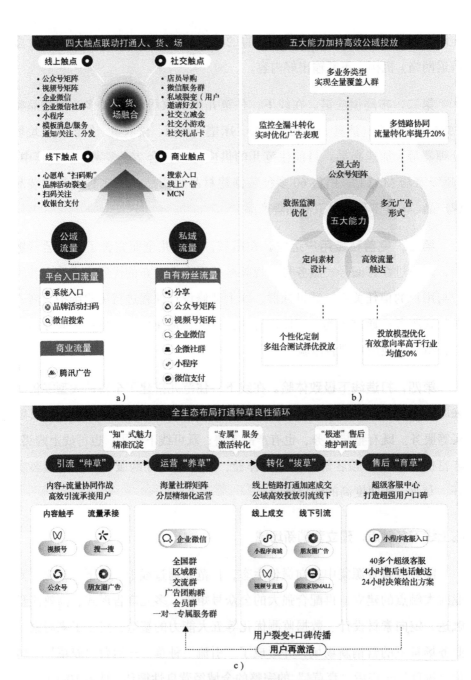

图 10-1　住范儿的全域经营布局规划

依托微信生态营销新场域,从线上公域流量获取到私域流量沉淀与运营,住范儿借助内容、社群运营建立信任,进一步采用沟通与陪伴式服务来实现转化,打通覆盖客户全生命周期的人、货、场完整闭环,充分确保对客户的全方位影响与成交促动,从而突破同质化竞争,实现差异化崛起。

▶引流"种草":公域私域联动,一站式高效"触达—锁定—承接"客户

家居家装行业对客户来说是个不够了解的行业,因此缺乏信任基础。住范儿早期通过在公众号分享优质内容潜移默化地吸引客户,将装修干货、家居选购避坑攻略、案例等内容作为与客户建立联系的"钩子",目前已累计生产装修干货超过2000篇,拥有粉丝150万,这是住范儿建立私域用户池的基础。

除了公众号,在用户触达上,住范儿还搭建了服务号、视频号、社群、小程序等内容渠道来科普装修干货,推荐团购优惠,做精准用户的触达与连接,提供一对一的咨询服务,从而形成了特有的私域流量池。

值得一提的是住范儿开辟的微信第二主战场——视频号。在视频号的布局上,住范儿推行矩阵式打法,同时运营"住范儿""住范儿装修扫盲指南""住范儿空间改造"等短视频账号,分别定位于"全方位科普""硬装科普"与"设计案例+空间改造"。借助视频号直播,住范儿成功打通"内容+社交+交易"链条,进一步提高了私域"种草"的效率与转化率。2022年3月,住范儿开通了视频号直播,并参战"618"好物节,截至2022年7月已经完成8场直播,累计成交额超300万元,意向金订单转化值超50万元。

住范儿所打造的"种草"矩阵中,还有搜一搜、腾讯广告等公域触

点，用来挖掘公域的潜在客户，以更低的获客成本不断为私域注入"活水"。通过公域私域联动，拓宽精准客户的流量来源，从公域到私域，一站式高效"触达—锁定—承接"客户。住范儿将这种线上线下的打法运用到实际业务场景中，创造更多变现的可能。

▶运营"养草"：流量分层精细化运营，有效提升客户黏性

装修是一个需要不断学习了解的、长周期的决策过程，家居家装企业需要持续提供优质内容，进而有效解决有装修需求人群的各类疑问。因此，住范儿在"种草"和"拔草"之间，实现了"养草"。

2021年，住范儿全面启用企业微信，借助企业微信工具进行社群运营，为客户提供顾问式、陪伴式的社群服务，针对有装修困惑或需求的客户，随时响应客户需求、解答装修难题、提供装修指引，进一步强化了客户运营。截至2022年，住范儿已经建立了超过25万个客户社群。

立足社群，住范儿还对客户流量进行分层精细化运营，搭建装修心得交流群和广告团购活动群，前者以干货分享（如避坑指南）为主，后者则以产品选购为主。住范儿还进一步细化出一对一专属VIP服务群，提供更具体、更全面的服务。总之，住范儿在"养草"环节，先让社群活跃起来，提升客户黏性、留存率与开口率，为"拔草"以及新零售业务模式做好了铺垫和准备。

▶转化"拔草"：线上线下双循环激活全域用户，打通全场景转化链路

从"种草"到"拔草"，吸引客户进来并留存下来，还愿意交流，并且最后为平台付费，这是一条非常长的转化路径。

在"拔草"环节，住范儿分为线上和线下两条线双循环。在线上，以

公众号、朋友圈广告、社群、达人直播逛店等工具或形式，激活公域、私域用户群，每一场直播都有商家配合讲解产品，例如，如何选购床垫，到底应该选购扫地机器人还是洗拖一体机，等等。通过这种专业的、即时性的问题答疑，缩短线上购买决策链路，最后在小程序商城或线下新零售大店完成转化。

在线下，以"超级家居 MALL"为主要场景，住范儿将线上触点与线下广告结合起来，通过投放线上广告为线下"超级家居 MALL"引流，打通线上线下场景运营和交易转化链路，为客户打造一站式的全品类好物购物体验。

这条线上线下联动的转化路径得到了验证。2021 年，住范儿做了 300多场社群团购，场均 GMV 约 166 万元，平均单场超 3000 人参团，私域用户下单转化率为 25%，ARPPU（Average Revenue Per Paying User，每付费用户平均收入）超 8000 元。

▶ 售后"育草"：高时效、高标准、高承诺，以极致服务收获好口碑

家居建材品类是重服务的品类，交易不是服务的结束，而是服务的开始，后续还有非常长的交付链条，只有真正把交付做好，才有可能形成良好的客户口碑。不过，贯穿全流程的极致服务是企业容易忽略的一个问题，而维护好一个老客户比开发一个新客户的成本要低得多。

在售后服务环节，住范儿打造了一支由 CEO 直管的超级团队，拥有40 位超级客服、60 名交付管家，快速响应客户在售后环节的问题，12 小时受理跟进、24 小时提供执行解决方案，为客户打造高时效、高标准、高承诺的极致体验，强化极致服务的客户心智，真正承担起"零售商"的服务职能。

好的服务口碑是可以持续产生复利和奖赏的。在住范儿看来，一旦收到客户的优质口碑评价，就可以实现客户再激活，提升客户忠诚度，甚至会反哺品牌私域流量池，带动未来的复购。

数据成果

- 截至 2022 年上半年，住范儿私域用户规模已接近 28 万人，线上线下零售 GMV 接近 10 亿元，线上线下零售 ARPPU 达到 8630 元，北京"超级家居 MALL"自 2022 年 3 月开店以来已有近 4 万人次进店。住范儿的全域布局，助力其加速成为一个专业但不贵的一站式家装建材、家居购物平台。

| 第11章 |

母婴玩具行业的全域经营打法与案例

母婴玩具行业的发展趋势

随着人均可支配收入的增加以及家庭消费能力的提升,中国母婴玩具市场规模持续增长。艾瑞咨询发布的报告显示,2021年中国母婴消费规模达34 591亿元,预计2025年市场规模将达到46 797亿元。中研普华发布的报告显示,2021年服装鞋帽和奶粉是母婴商品消费规模最大的两个品类,分别占比26.0%和22.7%。

同时,基于母婴消费群体需求的多元化,各细分市场都存在一定的增量空间,许多母婴品牌逐渐从"核心单品"向"全品类"拓展,以满足消费者一站式购物需求。此外,新锐国产母婴品牌在制作工艺、原材料和产品设计上不断迭代升级,受到消费市场的青睐,并且呈现出明显的国潮化趋势,因此在母婴市场中夺得一席之地。

然而，机遇之下也面临着诸多挑战，如新生儿出生率下降、获客成本高、行业竞争加剧……母婴玩具行业不可避免地步入了存量博弈时代。

一方面，市场竞争加剧，市场进入巨头鏖战期。以奶粉市场为例，数据显示，在千亿元规模奶粉市场中，2020年排名前14的奶粉品牌份额合计占比90%左右。另一方面，新品类和新品牌的不断涌现，给母婴玩具市场带来了更多变数。母婴研究院发布的《2021年母婴行业投融资报告》显示，2021年共发生投融资事件90起，融资金额为129.7亿元，母婴零售企业以及母婴童产品企业最为吸金。

与此同时，母婴玩具行业的经营模式也发生着新的变化。20世纪90年代初，母婴行业逐渐从大快消板块独立出来，成为一个垂直产业，商品流转形成了"品牌商—分销商—门店—消费者"的传统模式，经销网络被喻为"品牌的毛细血管"。伴随着行业的加速革新，母婴电商开始兴起，母婴商家加速向线上迈进，线上渠道成为商家布局的核心。如今，母婴玩具市场增长出现拐点，"以货为核心""以渠道为核心"都已成为过去时，品牌已经步入"以消费者为核心"的发展新阶段，急需更直接、更精准地面对消费者。

简而言之，存量不足，增量难寻。如今在消费渠道多元化、消费者购物行为数字化以及消费需求个性化等多重因素叠加影响之下，全域经营成为越来越多母婴玩具企业关注并践行的重点。

母婴玩具行业全域经营的难点

从整体上看，很多母婴玩具企业对全域经营有迫切需求但无从下手，面临着诸多问题。

首先，公域向私域导流变得困难。一方面，由于用户注意力稀缺，流

于表面的传统 "套路"（如单纯的扫码、红包、小礼物等）无法实现深度转化，品牌需要思考更有吸引力、更有趣且便利的方式实现线下流量转化。另一方面，消费者越来越专业，他们对育儿指导、深度沟通、信任连接的期待值越来越高，再叠加整体经济周期带来的影响，他们的消费也更克制。品牌与消费者之间的有效沟通也越来越难，很难获得新的私域用户增量。

其次，全域经营在多路径私域转化上具有较高的复杂性，企业需要掌握更系统的方法论。 母婴玩具的消费人群属性明显，具有较强的社交分享意愿，企业运用好导购、企业微信等触点，能够充分发挥口碑带来的成交机会，实现新的增长。但目前许多企业对私域的理解还停留在 "小程序 +群" 的阶段，因认知局限导致的转化链路不明晰、私域用户池增长低效、活跃度低下等问题，都大大降低了私域的延展性。

最后，在运营上，全渠道场景整合变得更加困难。 母婴玩具行业已逐步形成 "线上线下化" "线下线上化" 的全渠道布局趋势。线下门店和线上资源的调配、服务与产品组合的排布与管理、CRM 系统（即线上线下会员体系）的打通、消费者全生命周期价值管理等，都对品牌的场景整合能力提出了新要求。最重要的是，如果想要缩短 "触达—转化" 路径、理顺产品线规划，实现公域私域联动，企业可能需要花费大量人力物力去建设终端、私域门店及数据中台，除个别大体量的商业体之外，企业想凭一己之力实现以上整合非常困难。

母婴玩具行业全域经营的核心打法

与公域电商单纯分蛋糕的竞争逻辑不同，全域经营更多偏向于补充与增量逻辑，其核心链路是：公域—（引流）—沉淀至私域用户池—（运营）—持续触达—实现转化—重复触达—复购。其中，私域是各个公域的连接器，反哺并推动品牌的全域经营和增长。

如何做好全域经营？从运营视角来看，一方面，企业需要在线上、线下触点全方位布局，将公域流量有效沉淀至私域；另一方面，企业需要通过线上线下一体化的全场景触达和全生命周期的精细化运营，为消费者提供更好的体验，进而提升消费者忠诚度。

为了提供更具针对性、可落地的经营方法论，我们梳理了腾讯与诸多母婴玩具品牌的合作经验，总结了不同类型品牌的全域经营核心打法供参考。

以线下渠道为主的母婴玩具品牌：抓住门店核心场景，以数字化工具赋能导购，提升门店客流量与转化率（见图 11-1 ）。

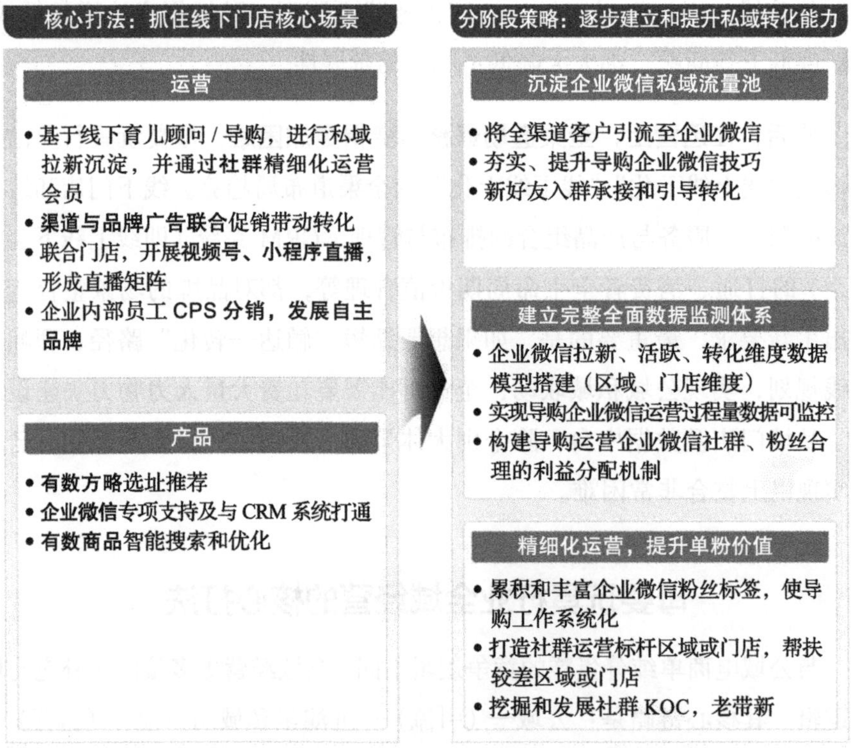

核心打法：抓住线下门店核心场景

运营
- 基于线下育儿顾问 / 导购，进行私域拉新沉淀，并通过**社群精细化运营**会员
- **渠道与品牌广告联合促销带动转化**
- 联合门店，开展视频号、小程序直播，形成直播矩阵
- **企业内部员工 CPS 分销，发展自主品牌**

产品
- **有数方略选址推荐**
- **企业微信专项支持及与 CRM 系统打通**
- **有数商品智能搜索和优化**

分阶段策略：逐步建立和提升私域转化能力

沉淀企业微信私域流量池
- 将全渠道客户引流至企业微信
- 夯实、提升导购企业微信技巧
- 新好友入群承接和引导转化

建立完整全面数据监测体系
- 企业微信拉新、活跃、转化维度数据模型搭建（区域、门店维度）
- 实现导购企业微信运营过程量数据可监控
- 构建导购运营企业微信社群、粉丝合理的利益分配机制

精细化运营，提升单粉价值
- 累积和丰富企业微信粉丝标签，使导购工作系统化
- 打造社群运营标杆区域或门店，帮扶较差区域或门店
- 挖掘和发展社群 KOC，老带新

图 11-1　以线下渠道为主的母婴玩具品牌全域经营核心打法及策略

对以线下渠道为主的母婴玩具品牌来说，最重要的是要抓住线下门店核心场景，提升门店影响力，借助社群、企业微信等数字化工具提升导购的服务能力，使导购能够打破门店经营的时空限制，提升与消费者的沟通频次和效果，从而提高门店客流量及转化率。

母婴玩具消费人群具有天然的社交属性，由于共性比较多，沟通分享的积极性也相当高。从运营方面来说，需要充分调动线下育儿顾问和导购的积极性，进行私域社群的拉新沉淀，再通过精细化运营，提升社群成员的活跃度及满意度。例如，可以在社群中挖掘和发展 KOC，提高群员之间的互动性，持续带来新的流量。在社群运营基础上，品牌还可以联动门店开展视频号直播或小程序直播，构建千店千播的直播矩阵，为消费者提供更加丰富、更加个性化的内容和服务。

孩子王从 2020 年起开始积极布局企业微信，至今已运营了上万个微信社群。为了全面推动导购使用企业微信，进一步用数字化工具武装导购，孩子王于 2021 年 4 月与腾讯智慧零售共同发起了一场"企业微信员工竞赛"，在 15 天内新增百万个企业微信好友，其中近九成来自一线导购的积极拓新和存量用户迁移。孩子王还在短期内创造了直观的商业转化成绩——通过竞赛引入的企业微信用户，当月小程序转化率达到 39%，销售额过亿元。目前，孩子王的企业微信已与自身 CRM 系统完全打通，导购不仅可以便捷地触达目标顾客，还可以方便地从分享素材库获取素材，运营效率得到进一步提升。

此外，孩子王也在不断创新线上服务形式，利用全国社群，通过直播的方式，与会员家庭远程互动。同时，孩子王通过直播赋能全国门店，培训门店员工借助直播工具帮助消费者解决不能到店购物的问题，取得了不错的效果。

母婴用品品牌：建立全域统一的数字化会员体系，线上线下互通，以渠道创新实现全域增长。

母婴用品的可替代性强，消费者更换品牌的成本低，并且长期以来大部分母婴用品销售都以经销商模式为主，品牌与消费者之间的联系较弱，导致品牌忠诚度普遍较低。

母婴用品类品牌可以建立以小程序为中心的私域生态，通过社群、企业微信等数字化工具运营用户，提升用户活跃度和留存率，提高复购率，搭建高信任感的会员体系，实现全域流量的成交转化。品牌还可以打通全链路会员管理，实现全域统一的用户服务和体验管理，深度精细化人群运营，持续获得用户全生命周期的转化价值。此外，品牌应重视高价值用户的识别，并通过差异化互动和运营，持续提升这些用户的长期复购率。

以 Babycare 为例，Babycare 建立了以微信为中心的私域生态，并通过社群、公众号、企业微信等工具，构建了 24 小时陪伴式消费者服务体系，全方位渗透进用户的生活。同时，Babycare 以私域用户为基础，通过"品牌体验官"等项目，使用户深度参与产品研发全链路，打造与用户双向沟通的闭环，夯实以用户为核心的极致 C2B2M（Customer to Business to Manufacturer，通过对用户的深刻洞察，找到存在即不合理的产品重新设计，反向推动供应链改革，并凭借全球优质供应链的连接能力，实现产品的落地）商业模式。

此外，作为从线上起家的品牌，Babycare 在不断扩大线上优势的同时布局线下渠道，以降低单渠道风险和增加业绩增长点，还通过线上线下场景的打通，实现了用户线上线下服务体验一体化，进一步加固了企业"护城河"。数据显示，Babycare 2021 年的私域业绩破亿元；2022 年仍以超过100% 的速度增长，其中复购交易额占比接近 90%。

母婴奶粉辅食品牌：以私域为核心经营阵地，通过深度精细化运营实现用户全生命周期转化。

消费者购买母婴奶粉辅食的决策链路比较长，对品牌信任度的要求特别高，但消费者一旦认可品牌，在特定时间段内将会持续稳定地进行复购。

基于这样的特性，品牌需要在深耕商品力的基础上，做好消费者互动，提升用户体验和口碑价值，将品牌影响力深植于消费者心智。如此，消费者下单的门槛才会随之降低，品牌才能用更低的成本带来更高的回报。

目前已经有许多母婴奶粉辅食品牌以私域为核心阵地，积极推进全域经营。它们借助微信的连接能力与生态优势，通过多个私域触点的联动运营，为消费者提供从前期产品信息了解到中期沟通、后期交易的全闭环服务，满足消费者需求，从而提升获客数量，提高会员价值贡献，助力生意增长。更为重要的是，全域经营还可以提升组织内部管理效率，赋能品牌力建设，促进与消费者建立强信任关系，加速品牌力渗透。

伊利金领冠在微信生态内搭建了完整的品牌私域运营阵地，首先，在搜一搜入口布局了金领冠爱儿俱乐部 A 级品牌专区，方便消费者搜索查阅，同时打造了一个微信生态内兴趣流量沉淀的集中入口；其次，建设"金领冠爱儿俱乐部"公众号、视频号，以消费者需求为中心，打通内容、服务与交易链条，形成品牌心智影响的核心阵地；再次，伊利金领冠还搭建了专业的营养顾问团队，通过建立企业微信社群，加强与消费者之间的互动，提升导购运营效率和消费者服务转化率；最后，基于业务场景，金领冠建设了多个小程序，承接消费者与品牌的互动，以及服务和交易活动。通过以上私域触点的联动运营，金领冠有效提升了消费者活跃度、品牌信任感及消费者黏性，打开了品牌新的增长空间。

案例：孩子王

案例亮点

基于微信生态，孩子王根据企业自身的数字化基础和业务特性，通过配备不同的触点组合拳为小程序商城精准引流，充分挖掘了私域新增量。不仅如此，孩子王还通过打造"企业微信员工竞赛"，持续发挥企业微信在赋能员工、完善私域基建、提升私域效能等方面的积极作用，加速线上服务转型。孩子王还搭建了基于"运营＋流量＋产品"的精细化运营模式，助力门店、公众号、小程序商城、app 等渠道的流量沉淀，形成了一套高增长的私域经营模式。

企业概况

孩子王创立于 2009 年，主要从事母婴童商品零售及增值服务。孩子王是一家以数据驱动的、基于用户关系经营的创新型亲子家庭服务商，汇聚全国知名母婴童品牌，创立了行业育儿顾问式服务模式、"商品＋服务＋社交"大店模式及重度会员制下的单客经济模式。孩子王在全国拥有超 500 家数字化实体门店，线上整体销售额占比近 50%。

需求痛点

随着新生人口下降，母婴行业竞争不断加剧，如何在存量市场里寻求突破和增长，利用数字化实现运营模式升级，是孩子王关注的重点。

因此，孩子王希望通过与腾讯深度合作，建立品牌和消费者互相感知、交互的多个触点，及时准确地满足消费者的多样化需求，从而实现高效转化和稳健长效的经营。

优秀实践

孩子王在 2018 年就开始与腾讯智慧零售深度合作，整体合作分为三个阶段。一是倍增竞赛，在私域起量初期，孩子王通过倍增竞赛实现私域销售关键促销节点爆破；二是线上服务转型，从"散军"迈向"正规军"，孩子王联合腾讯举办了企业微信导购竞赛；三是精细化运营模式的搭建和流量合作。同时，孩子王和腾讯也逐步从单点合作转向"运营＋流量＋产品"全方位合作，并与腾讯云实现了底层基础功能的深度合作。

打造触点组合拳，精准引流，挖掘微信生态新增量

在移动互联网时代，消费者的购买决策日趋复杂，购物路径也极为多变，并不局限于线上或线下。为了更好地连接消费者，孩子王根据企业自身的数字化基础和业务特性，通过配备不同的触点组合拳为小程序商城精准引流，挖掘微信生态内的新增量。

首先，孩子王布局了以门店和商城为主的主小程序和专门的社群小程序，包含扫码签到、查询优惠券、体验扫码购、出示会员卡、微信支付有礼等功能，渗透用户进店后的全流程。其次，孩子王利用微信社交属性为小程序设置了砍价、抽奖、拼团等八大社群裂变营销工具，打通全链路分享，促进线上线下融合且相互带动。

除了降低消费者在门店使用数字工具的门槛，孩子王还通过微信支付和小程序进行线下数据采集，反哺门店精准营销。孩子王一方面通过线下微信支付、店内扫码优惠直达、即领即核高效转化，同时在店外进行用户挖掘、在店内进行精准触达，店内店外同步提升门店的大数据采集能力，实现多场景闭环营销；另一方面通过微信支付功能带来的新用户标签完善会员画像，并应用于孩子王朋友圈精准营销，同时利用小程序工具为线上线下引流，拉动销售转化，赋能品牌智慧营销。

激活企业"中坚力量"，打造高增长私域经营新模式

2020 年 8 月起，孩子王开始积极布局企业微信。当时，孩子王基于微信生态已在全国运营数万个成熟微信群，覆盖近 500 万名会员。在这一背景下，如何让已经对个人微信形成习惯和路径依赖的一线员工主动进行工具更换，提高员工参与的积极性，成为孩子王必须破解的难题。为此，孩子王发起了一场"深入毛细血管"的"企业微信员工竞赛"。

▶ 全员动员，自上而下高度重视

竞赛启动前，孩子王在企业内部进行了自上而下直达各分部、各门店的全员动员。孩子王总部数字化部门更是深入一线门店，确定专人负责执行对接，将任务与激励政策逐一落实到员工个人，并由核心负责人签署"军令状"。

▶ 激发人效，"深入毛细血管"的员工激励

根据历史拉新数据情况，孩子王分部、门店、个人均制定了定制化的竞赛目标和激励方案，尤其是将大部分资源用于激励员工个人，任务完成情况与个人收益直接挂钩，有效调动了员工为企业微信拉新的积极性。

▶ "全天候"技能培训和经验分享

通过内部沟通渠道，孩子王每天为员工实时分享近期的优质拉新标杆案例及产品运营技巧。例如"企业微信 8 点半视频栏目"，孩子王每天早上 8 点半进行视频宣传，利用晨会推进全员学习。

▶营造竞争氛围，树立榜样标杆

孩子王通过每日数据复盘，让一线员工实时了解其他门店的竞赛成果，不仅让企业上下沉浸在紧张的竞赛氛围中，还树立了一批敢于自我突破和创新的门店与员工榜样。例如：孩子王苏州常熟万达店将员工分成红、蓝战队进行 PK，通过社区线下走访并联合物业拉群的方式，逐一触达潜在顾客并完成拉新，竞赛期内目标达成率达到 184%；孩子王郑州二七万达店的销售顾问王菲，瞄准物业、社区幼儿园等目标人群高浓度场所，通过产品派样方式进行线下拉新，竞赛期内单人拉粉 1888 人。

▶活用企业微信产品能力，二次开发助推"平顺"迁移

孩子王对企业微信进行高阶能力开发，从顾客获取、顾客经营、社群经营三步着手，完成用户拉新与存量用户资产向企业微信迁移，实现用户留存与转化。

大赛期间，孩子王为一线员工提供了企业微信专属获客码、员工推荐、每日必做加粉任务、企业微信特制裂变工具四大工具，覆盖线上线下、微信社交等多渠道，助力员工获取企业微信粉丝。以企业微信专属获客码为例，孩子王基于企业微信的会员打通和"联系我"的二维码能力，开发了"获客助手"工具，员工针对店内、外拓、医务等不同渠道可出示专属的企业微信获客码，并且可根据会员标签进行新老顾客识别，推送不同的应答消息，让每个顾客都能精准收到孩子王准备的特定福利。

另外，孩子王在 app、小程序、微信公众号等众多业务场景中都加入了"员工推荐"功能，用户可以从门店签到、门店线上购物、支付成功等线上页面自主添加。此外，孩子王还接入了微信支付官方推出的"支付即服务"功能，用户微信支付成功后跳转的凭证页上会有"联系商家育儿顾问"入口，可直接添加之前为其提供服务的育儿顾问的企业微信。

在门店客流有限、个人微信存量粉丝陆续转移的情况下，孩子王为一线员工准备了每日必做加粉任务和企业微信特制裂变工具两大拉新"神器"。比如员工可以在企业微信的"企业微信助手"中直接领取拉新任务，逐一点击加密微信号直接进行好友搜索，一键发送企业微信好友邀请，还可以开展门店激励活动，鼓励老顾客带来更多新顾客。

搭建精细化运营模式，全方位合作加速生意突破

进入深度经营的新阶段后，消费者对品牌精细化运营能力提出了更高的要求。为此，孩子王创新性地打造全渠道营销网络，建立了品牌和消费者互相感知和交互的多个触点，及时准确地满足了消费者全方位的需求。在线上，孩子王构建了移动端 app、微信公众号、小程序、微商城等多产品矩阵，使会员在任何时间、任何地点、任何场景下都能享受到优质服务。在线下，孩子王实现了全国超 500 家线下门店的全面数字化和全国上万名员工的互通互联，不仅极大地提升了业务效率，而且让消费者的需求能够获得更为及时的响应。

不仅如此，利用腾讯平台数据能力和流量场景，结合全渠道会员体系，孩子王为会员提供高效数字化服务。利用腾讯丰富的线上流量场景进行发券或私域社群引导，孩子王将消费者引导到店转化核销，带来了拉新会员和生意的增长。

另外，孩子王还通过前台、中台、后台数据的实时连接和数据智能化需求，实现了消费者、员工、商品、服务、管理等生产要素的数字化在线，补齐了私域基建短板，并从中发掘未来员工能力建设、运营能力提升等方面的发力方向。例如，通过用户分层来制定差异化运营策略，梳理员工能力模型，以及由总部层级牵头，进行系统化企业微信社群运营，等等。

可以说，孩子王通过搭建基于"运营＋流量＋产品"的精细化运营模式，结合全渠道会员体系，全方位满足了消费者持续增长的优质服务需求，加速助推了私域生意的突破和增长。

数据成果

- 截至 2022 年 6 月，孩子王小程序用户近 4400 万人，企业微信私域服务用户近 1000 万人。

- 在 2021 年"企业微信导购竞赛"期间，孩子王在短短 15 天里，通过有效动员、激励、多维度的培训以及便捷高效的产品助力，快速新增超百万个企业微信好友，其中近九成来自一线员工的拓新和存量用户迁移。通过竞赛所引入的企业微信用户，当月小程序转化率达到 39%，销售额过亿元。

案例：泡泡玛特

案例亮点

基于"四力模型"，泡泡玛特通过成立消费者运营一级部门，夯实了私域运营的组织力。同时，泡泡玛特还依托"高上新率＋尖货"产品矩阵，以及高频丰富玩法、线下小程序收银模式等运营创新，助推了品牌的高爆发和高增长。泡泡玛特结合自身强 IP、强内容的特点打通全链路，搭建了适合"潮玩"的社交生态，打开了私域运营的更多想象空间。

企业概况

泡泡玛特是成立于 2010 年的潮流文化娱乐品牌。十余年来，泡泡玛特围绕全球艺术家挖掘、IP 孵化运营、消费者触达、"潮玩"文化推广、创新业务孵化与投资五个领域，构建了覆盖潮流玩具全产业链的综合运营平台。2016 年，泡泡玛特推出 Molly 盲盒系列，掀起了国内的盲盒热潮。2020 年 12 月 11 日，泡泡玛特成功在香港交易所上市，成为中国"潮玩第一股"。

2018 年，泡泡玛特成立了专门的小程序团队来探索私域的更多打法，打造了抽盒机、公众号、小程序、社群、视频号、企业微信等私域转化矩阵，实现从引流、沉淀、裂变、交易到互动分享的全流程闭环。

需求痛点

随着"潮玩"市场进入存量竞争时代，年轻消费者已不再满足于产品的基本功能需求，追逐个性化的他们开始进一步寻求情绪价值、社交连接、圈层的产品附加价值，这对"潮玩"品牌的消费者运营提出了更高的要求。同时，因疫情引发的消费下行，也为"潮玩"市场带来了新的不确定性。

因此，泡泡玛特希望与微信生态更好地融合和连接，持续提升私域运营能力，助推品牌始终保持稳健的增长态势。

优秀实践

泡泡玛特是与腾讯智慧零售合作的第一批"四力增长计划"商家。对泡泡玛特而言，其取得的增长与"四力模型"密不可分，"四力模型"为泡泡玛特整个生意的发展提供了良好的支撑。

组织力：打通融合，建立与业务相适应的团队

2019 年，泡泡玛特就依托线下门店搭建了会员体系，但当时与微信

小程序并没有实现打通。随后，泡泡玛特专门成立了消费者运营的一级部门，将之前散落在各个渠道的会员关系整合到一起。该团队从成立开始，就被定义为"一把手"工程，直接向 CEO 汇报。

泡泡玛特认为，企业需要配合业务发展，设定私域运营不同阶段的目标，在组织、激励上不断进行动态调整。在从 0 到 1 的第一阶段，不适合一开始就追求 GMV 转化，而是要讲求私域用户资产规模，持续进行数字化会员的沉淀。规模达到一定指标后，就进入了第二阶段。在该阶段，用户的活跃度更为重要，随着互动频次、转化效率的持续提升，GMV 逐渐增长。此时，私域已经能够帮助企业逐渐建立起业绩增长壁垒。

泡泡玛特目前已进入第三阶段，不再局限于小程序商城的转化，而是形成了一个全场景的用户流转机制，建立了泛私域生态。泡泡玛特的数据显示，2021 年，泡泡玛特通过纯私域的转化就实现了接近 9 亿元的销售额，占到国内业务 20% 的体量。目前，通过这种泛私域生态的建立，泡泡玛特正将用户端、供应链端、产品端不断打通，这将带来不可估量的价值。

商品力：高上新率 + 尖货，以首发引爆消费者

对"潮玩"来说，保持新鲜感非常重要，且从某种程度上说，好的商品是增长的第一驱动力。泡泡玛特每年要上新约 200 款产品，且不断推出新的产品、新的设计。通过私域获得对消费者的洞察，泡泡玛特迎来了一次次销售的爆发。

选品时，泡泡玛特会基于消费者的偏好，对产品进行分级，而分级得出的数据，又反向影响供应链的部署。在小程序做商品首发，是泡泡玛特经常采用的策略，这极大地激发了消费者的热情。泡泡玛特以盲盒满足大众的入门级需求，在此基础上，以更加高端的尖货吸引黏性强的消费者群体。

也就是说，私域成就了泡泡玛特产品的爆发，而产品的爆发又增加了泡泡玛特消费者分享裂变内容的频率，让泡泡玛特收获了大量新增用户。

运营力：高频丰富玩法激发购买欲望，数字化创新助推消费者触达

作为新品发售非常高频的品牌，泡泡玛特会根据新品爆发的时段，在短时间内开展丰富的运营玩法，让消费者的需求得到充分的满足。

泡泡玛特的公众号推文与视频号直播是同时进行的，消费者在看到推文的第一时间，马上就能跳转到视频号直播，在产品展示及与直播主持互动中，消费者能对产品有更直接、更深入的感知，继而通过小程序转化卡片马上进行新品的预约购买。而对于尖货，泡泡玛特会极力营造稀缺感，会以小程序抽签等方式，激发消费者的拥有欲。

不仅如此，泡泡玛特还通过布局线下小程序收银模式，加速了品牌对会员的深度运营和触达渠道的布局。在泡泡玛特的收银台上面，摆放着会员中心权益介绍的立牌，当消费者付款时，导购会主动提醒并告知近期会员积分体系的升级，引导消费者查看立牌并扫描二维码了解信息。

消费者在扫描二维码之后，会出现"是否为会员？"的询问，并拉起会员中心小程序，若不是品牌会员，消费者选择新会员支付，可实现一键注册。这一步就把线下难以捉摸的消费者，变成了可触达的线上会员。与此同时，泡泡玛特对会员中心小程序进行了全面的升级改造，主题宣传推广更加明显，会员付款码在页面最底部便捷操作处，打开积分商城即可看到积分兑换优惠券的权益。

产品力：打通全链路，搭建适合"潮玩"的社交生态

即时讨论、即时分享，是潮玩的特征，从消费者消费心理出发，泡泡玛特结合自身强 IP、强内容的特点，基于微信生态搭建了适合"潮玩"的生态。

一个典型的场景是，消费者通过泡泡玛特小程序选中了自己喜欢的盲盒后，可以马上发送到好友群里，大家一起去猜里面的产品，享受参与拆盒的乐趣，猜中的人会得到泡泡玛特的积分反馈。通过这样的机制，泡泡玛特将抽盒与拆盒的流程前置，有效模拟了消费者线下购买的场景。

这意味着购买不是销售行为的结束，而是在微信生态内形成了长尾效应。

除此之外，对泡泡玛特主力消费者群体——女性消费者来说，泡泡玛特让盲盒在微信生态内成为一种社交货币，共同的话题让她们享受到了精神的愉悦。这些话题又提供了丰富的内容，进一步在微信生态内传播、裂变。

数据成果

- 泡泡玛特 2022 年上半年营收同比增长 33.1%。其中，线上渠道营收增速亮眼，微信小程序"泡泡玛特抽盒机"营收同比增长 67.2%，占据整个线上渠道营收的 55.5%。

- 在会员增长方面，泡泡玛特 2021 年的财报披露，超过 90% 的顾客可以通过数字化的会员体系沉淀下来，截至 2022 年 9 月，泡泡玛特线下门店中有 80% 的门店已经开始启动小程序收银模式，其中 45% 的订单是通过该支付链路完成收银的。2022 年上半年，泡泡玛特新增会员 350 万人，会员贡献销售额占比进一步提升到 93.1%。

第12章

购物中心的全域经营打法与案例

购物中心的发展趋势

购物中心往往被认为是更注重线下经营的，但是随着每年新开业的购物中心数量与日俱增，行业同质化竞争越来越严重，基于传统房东定位的大部分购物中心，其发展上限受到了明显的限制。中国连锁经营协会发布的《中国购物中心对经济社会发展贡献力报告（2021）》显示，虽然购物中心规模增速放缓，发展进入平稳期，但存量规模仍处高位。截至2021年底，全国购物中心总数量已达6300座（>3万平方米），购物中心人均享有面积约0.35平方米，虽然与美国（超过2平方米）还有较大差距，但已接近日本、欧洲等发达国家和地区的水平（约0.4～0.5平方米）。

而新冠疫情在冲击购物中心线下客流的同时，也加速了其线上线下融合的进程。以微信为核心构建私域阵地，推动商圈数字化转型，实现客流增长、拉动消费，已经成为购物中心生意增长的必选项。目前已有不少头部标杆企业通过不断完善线上基建和整合全域流量，搭建起了品牌与顾客良性互动的平台生态，拓展了传统的线下经营模式，取得了丰硕的成果。中国百货商业协会发布的《2021—2022 百购行业小程序应用报告》显示，2021 年百货和购物中心小程序交易增长强劲，GMV 同比增长 118%，全年百货和购物中心小程序累计下单购物人数超过 1.5 亿，全年小程序 GMV 过亿元的百货和购物中心企业超过 50 家。

此外，购物中心的发展还呈现出多种趋势。从"商场在哪里，消费者就在哪里"到"消费者在哪里，商场就在哪里"，渠道业态发生了质的变化，从割裂到融合，全渠道的零售格局加速形成。消费者的变化也带动了新的趋势形成：一方面消费者对社区型和区域型购物中心的需求快速增加，另一方面像奥特莱斯等折扣零售在出境游熔断后受到消费者追捧。

与此相呼应的是，许多头部商业管理公司已经看到了商业物业管理与传统地产开发之间的不同业务需求，正在拆分主体进行差异化经营，寻找价值持续增长的突破路径，这一经营动作在资本市场上也得到了有效的印证。

综上所述，不难看出购物中心已步入全域一体化发展时代，开始以全域综合流量运营平台为定位开展创新业务尝试，从根本上推动着数字化及商业模式的不断变革。购物中心如何使用数字化工具来持续完善数字化基建，从而驱动全域业务增长变得越来越重要。

购物中心全域经营的三大痛点

由于购物中心业态复杂，尽管购物中心也尝试过自建官网、推出 app、依托现有流量平台搭建销售渠道等多种方式进行私域运营，但往往顾此失彼，导致实际业务与顾客体验脱节。以微信为主阵地的私域模式的出现，对购物中心行业来说如虎添翼，迅速成为购物中心新的增长点。

从目前来看，尽管不少购物中心已经搭建了私域运营框架，但业内成效不一，在运营目标不够明确及方法论不清晰的情况下，常常陷入无效投入的陷阱。从整体来看，购物中心全域经营正面临三大痛点。

首先是流量痛点。购物中心是线下流量较为聚集的场所，能为品牌带来更多消费场景，但巨大的客流需要通过有效的手段和工具转变为可持续运营的私域流量，业内也往往称之为"留量运营"。而且，由于竞争压力加大，叠加之前新冠疫情的影响，购物中心本身的线下客流量也在减少。此外，线上线下流量之间存在隔阂，也使流量经营成为难点。

其次是内容痛点。在传统经营模式下，购物中心往往缺乏对品牌营销资源的平台化牵引，因此在营销内容上，往往是在购物中心的统一营销主题包装下，由商家自主上报，缺乏统一调控，内容输出重功能（如折扣信息推送、领优惠券、领积分等）而缺乏对客户的实际吸引力，难以高效地转化和沉淀私域流量。

最后是数据痛点。原有的购物中心虽然有大量数据信息沉淀，但由于缺乏数据采集手段、数据分析方法、数据应用工具，同时还面临设备老旧、数据孤岛问题严重、投入产出评估模糊等问题，无法进行精准洞察客群、基于偏好和场景的差异化推送等有效运用，也难以为全域经营增长提供足够的数据支撑。

购物中心全域经营的两大核心打法

通过对行业优秀案例的拆解，我们对购物中心全域运营的方法论进行了归纳总结，希望能为购物中心提供可落地执行的全域经营打法参考。

整体而言，购物中心以消费者为中心推进全域经营，需要借助周边商圈分析、商场运营升级、智慧硬件升级、在线交易增量、智能业务决策、基础技术支撑六大核心能力（见图 12-1），整合线上线下、公域私域，不断推进商场运营升级，并且借助在线交易方式带来新增量。在整个全域经营模式当中，基于消费者数据洞察实现智能业务决策，能够极大地提升购物中心的运营效率。

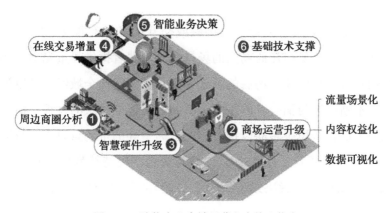

图 12-1　购物中心全域经营六大核心能力

其中，购物中心应重点关注商场运营升级、在线交易增量两大能力，以商场小程序为私域主阵地，在线下进行商场运营升级，实现线下流量稳固；在线上通过直播、社群等多种形式获取在线交易增量，实现购物中心业务能力全面升级。

线下运营：流量、内容、数据协同优化，实现商场运营升级

作为场景端的提供者，购物中心是生活、娱乐、社交和活动中心，其最大的优势就在于实体商业场景体验，因此优化线下运营依旧是购物中心的重点。在全域经营模式下，购物中心可以从流量、内容、数据三个方面提质增效，实现商场运营升级。

全场景强势引流，实现流量全域提效

在传统经营模式下，购物中心与消费者连接的"触点"缺失，难以实现实时连接，而如今购物中心可以借助微信、公众号、企业微信、视频号、小程序等触点，实现营销内容的高效触达，并基于多个触点沉淀的数据优化运营，为消费者推送专属权益和活动，进而吸引消费者前往购物中心。

购物中心能够和消费者发生接触或交互的场景有很多（见图12-2）。过去，购物中心主要抓住商场内的场景，为消费者提供尽量完整的场内服务，但消费者进场前及离场后的场景等往往被忽视。全域经营是以消费者为中心，不断缩短与消费者的距离、不断提高连接频次的过程。购物中心需要从原来的租赁思维转向以推广、运营为主导的全场景思维，打通与消费者连接的全部场景，让购物中心与消费者实现持续性的连接，并重构消费旅程，抓住消费者决策的每一个关键环节，从而实现更理想的转化效果。

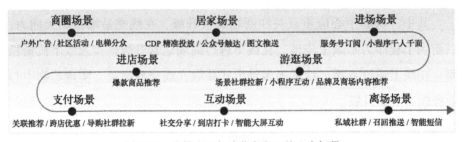

图 12-2　购物中心与消费者交互的八大场景

具体而言，**在场外**，购物中心可以通过公域私域触点、线上线下广告等各类流量渠道，对营销内容进行有效曝光，为购物中心精准引流。许多购物中心与腾讯广告合作，以购物中心位置为圆心，基于腾讯大数据、购物中心数据、品牌方数据的协同，有效获取消费人群洞察，再通过精细化的营销推广策略，借助朋友圈广告投放、短信智能推送等方式，实现新顾客招募、老顾客召回及会员复购，同时利用购物中心活动、门店优惠券发放等激励举措引流到场。

在场内，购物中心则需要充分利用现有流量，为购物中心内的品牌进行交叉引流，实现流量价值的提升。如腾讯智慧零售推出的买单码，是交易场景营销数字化整体解决方案，可以以购物中心小程序为载体，基于交易场景重构购物中心、品牌、消费者三者的关系，实现流量的二次分配，品牌简单配合就可参与购物中心流量分发活动，将消费者交叉引导至不同品牌，有效提升消费者的消费金额及商场的整体联销率。

未来，基于小程序工具，购物中心可以将线上及线下场景不断融合，场的范围将不再局限于线下的物理范围，而是可以延伸出崭新的消费场景。当购物中心能够将客流导入多个构建好的场景中的时候，其拥有的流量将等于客流与场景数量的乘积。

专属权益与优质内容，精细化运营激活用户

同时，购物中心还需要重视运用以 IP 为核心的优质内容资产，将其作为连接用户、实现私域增长的重要工具。购物中心可以以自有 IP 或联名 IP 为主线，串联数字化的服务、优惠券、积分、活动门票、商品等权益，源源不断地吸引消费者到场体验，形成打通线上线下的良性循环。

此前万达就曾联合腾讯举办《王者荣耀》IP 线下系列主题活动，基于万达广场线下门店全域布局的优势，匹配《王者荣耀》IP，充分调动了《王者荣耀》的粉丝号召力，用沉浸式的线下体验为购物中心引流，在增强用户情感认同的同时，也提升了用户的购物体验。

在不久的将来，整合供应链资源提供 C2B（Customer to Business，消费者到企业）的自有商品和服务将会成为购物中心的重要选项，包括打通场内商户与线上平台商品实现商品的一体化经营，依据客户需求分析在线上平台引入更多特色商品，甚至整合制造资源提供自有品牌商品，提升小程序对消费者的吸引力，为购物中心不断丰富变现渠道，实现流量生态价值最大化。

打造数智大脑，以可视化数据优化决策

一直以来，购物中心都是基于线下的消费场域。在过去，消费者的行为很难被记录，因此难以形成准确的消费者洞察，不利于购物中心进行深度运营。对此，结合全链路场景，针对全量数据采集、业务数据分析、智能数据决策 3 个步骤打造全流程数据闭环（见图 12-3）、实现数据可视化，成为提升购物中心数字化经营能力的关键。

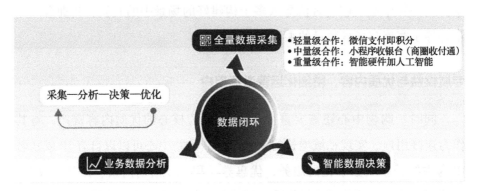

图 12-3　购物中心全流程数据闭环

在数据采集方面，购物中心可以基于支付场景，通过小程序收银台、买单码等工具，实现"支付即积分""支付即会员"，将多渠道会员身份和积分进行统一化管理。此外，购物中心智能互动大屏在提升场内购物体验的同时，也能实时采集消费者的行为数据，了解消费群体的偏好，方便后续为他们提供个性化推荐。

对于采集回来的数据，购物中心需要进行更好的分析，从而对会员群体进行画像描绘。基于数据分析，购物中心可以提高理解消费者和服务消费者的能力，并可以将数据分析结果进一步应用于媒介投放优化、目标人群深入洞察、及时准确分析决策等多场景，实现经营的降本增效。

借助腾讯系私域触点，购物中心逐渐成长为拥有私域流量的生态平台，在对数据的采集及应用下，可以引入更多类型的生态伙伴，依托平台为消费者提供多样化的商品、内容和服务，实现生态平台的繁荣和客户黏性的增强。

线上运营：发力直播及社群，通过全域流量运营实现在线交易增量

如今，在线交易成为购物中心不可忽视的增长点。购物中心以小程序商城为交易主阵地，以直播带货、导购分销等线上交易形式为线下实体销售最有力的补充，线上线下联动运营共同为用户提供差异化、多元化的购物体验。

购物中心可以利用好与消费者连接的常用线上触点和形式，包括公众号、社群、带货直播等，一方面为消费者传递更加丰富也更易被接受的内容，另一方面在场外实现与消费者的高频交互，延伸销售半径，全面盘活企业的私域流量，以带来业绩的高效增长。

细化到具体的操作层面，购物中心可以尝试以下几种具体链路，快速提升在线交易量。

链路一：公众号栏目化内容 + 专属福利邀请函

购物中心要充分发挥线上平台的价值，整合不同用户专属福利，以栏

目化的内容形式通过公众号推送给用户，与传统运营模式下的广告进行差异化区分。在传统模式下，无论是否提前得知，到线下都可以享受到的优惠，对消费者来说没有稀缺感；在新模式下，购物中心与合作品牌提供的专属福利需要提前或限量领取，这能够激发用户的消费欲望，同时也能激发用户的二次传播。

链路二：社群场景化内容 + 专享福利电子海报

除了平台用户专属福利的牵引，购物中心还需要通过适当的内容包装，如社群专享福利电子海报等，在社群内对收集到的品牌或者单品活动进行有效推广，通过对海量优惠信息的有效排序，驱动客群更加高效地知晓丰富多样的活动内容。

链路三：大促直播 + 爆款商品 + 卡券福利包

直播如今已成为购物中心的热门推广形式，其中大促节点一定是线上线下同步爆发的高峰期，对此，购物中心需要给予足够的重视，并通过大促直播有效提升流量的转化价值。在直播中，购物中心可以采取"爆款商品 + 卡券福利包"等打法，提升转化效率。此外，建议购物中心适当延长直播时长至 3 小时甚至以上，让私域流量价值得到充分转化。

链路四：常态化直播 + 品牌导购做客直播间 + 福利单品

基于购物中心的组织架构，仅靠自有团队很难支持平日非黄金档期的持续常态化直播。购物中心可以邀请品牌导购或区域负责人做客购物中心直播间，实现品牌私域和购物中心私域流量的联动，同时借助公域推流方法，形成滚雪球效应。在选品上，也要选择对比线下渠道有额外优势的福利单品，更好地吸引消费者购买。

目前，全域场景下的会员经营能力已成为竞争焦点，灵活与高效的会员经营能力成为核心竞争优势。如何通过更多类型的会员互动活动，连接线上平台用户参与线下的会员优惠活动；通过线上平台进行积分兑换，设计更多娱乐化和游戏化的会员活动；通过线上流量与线下场景联动，实现全域流量变现等课题，成为购物中心下一阶段深度运营的必修课。

购物中心全域经营四大阶段的攻坚重点

第一阶段：顾客端体验优化，提升服务效率和质量

在该阶段，购物中心需要基于项目的不同定位，有针对性地丰富小程序功能，将线下的服务、券、票、卡、分、商品、权益等内容整合上线，并匹配对应的营销工具进行有效传播，最终实现"少跑腿，多跨店"，优化顾客体验。

第二阶段：平台端流量运营，刺激顾客高频到访

在该阶段，购物中心需要重点关注顾客端的流量触点运营，通过持续运营将辐射客群变为高频次到访忠诚顾客。在充分联动品牌的基础上，搭建项目公域私域联动模型，可以提升内容的生产效率及传播效率；同时，在操作过程中沉淀会员数据，利用这些数据在场外运营中实现精准导流，在场内运营中实现精准分发及触达，可以引导顾客高频到场购物，提升单客价值。

第三阶段：商户端功能升级，助力商家引流转化

在该阶段，购物中心需要结合品牌的不同经营属性，有针对性地输出

内容整合方案，将核心资源赋能给愿意积极参与合作的品牌，降低不配合品牌的流量倾斜力度。通过将线上权益组织与线下传统经营辅导业务相结合，真正使小程序成为品牌商户的经营工具，并且通过数据化运营，评估各个环节流失率的范围值，推动流程优化。这样做的最终目标是使品牌个性化营销内容不断丰富，进而提升引流及转化效果。

第四阶段：商场端运营迭代，实现线下业务转型升级

在该阶段，购物中心需要基于平台运营迭代思维，将线下场景进行数据化、结构化呈现，通过数字化软硬件的结合，实现线下传统业务场景的转型升级。如结合运营思维的调整，对传统招商、营运、市场、工程物业等各个板块的核心指标进行调整，包括数字化基建水平、会员可记录交易占比、创新性经营收入等指标都可以纳入重点关注范围。

案例：万达广场

案例亮点

以小程序为核心，万达广场在场外以线上线下流量互哺的方式实现精准导流，通过差异化运营提升客户黏性；在场内利用支付后推荐及智能互动设备交叉引流，增加用户游逛深度。万达广场一方面积极与品牌实现营销资源打通，以优质内容促进销售转化；另一方面则依托"营销IP打造＋业态创新"扩大业务想象力边界，有效助推线上业务增长。同时，万达广场还以买单码为突破口，打通购物中心和品牌的数据，并以数据分析为驱动引擎，优化运营策略，为各项业务经营决策提供全方位的支持。

企业概况

大连万达商业管理集团股份有限公司（以下简称"万达商管"）成立于 2002 年 9 月，是全球规模领先的商业物业持有及管理运营企业，也是万达集团旗下商业物业投资及运营的唯一业务平台。截至 2021 年 6 月 30 日，万达商管已在全国开业 380 座万达广场，持有及管理物业面积 5420 万平方米，年客流超 46 亿人次。

为了提升线下获客和留客能力，以及用户离场后的线上服务能力，2017 年万达广场开始布局私域。同年 5 月，万达广场小程序在北京、青岛等地的 8 座万达广场上线试运行，后历经多次迭代，于 2019 年下半年实现全国万达广场的线上运营。

需求痛点

购物中心商业模式的底层逻辑是基于商业地产，搭建自己的线下零售"场"。由于同时服务于顾客、业主及品牌，购物中心在数字化转型过程中面临着流量、内容和数据三大维度的挑战。

首先，购物中心虽然可以依托线下场景获得本地化流量，但受硬件条件制约，缺乏对客群画像的认知，难以实现精细化运营以及提升到场客流量和增加顾客的游逛深度。

其次，受经营模式的限制，购物中心对货品的控制力不足。尤其是随着品牌开始布局自身私域，它们不愿意将自己最优质的货品放到购物中心的私域销售，导致购物中心私域的吸引力减弱。

最后，受合作店铺和购物中心的利益分割及收银模式的限制，购物中心很难从合作店铺侧获得全量且真实的交易数据，难以用数据驱动决策，提升运营效率。

因此，万达广场希望通过与腾讯智慧零售合作，持续加强与顾客、业主及品牌的连接，做到对顾客可连接、可识别、可触达和可运营，从而推动业绩长效增长。

优秀实践

作为"云端的万达广场"和全国头部商业实体的线上基础设施，万达广场小程序线上营销全面匹配线下门店，快速实现了万达广场 6.6 万多个品牌商户的全面接入，整合商家开设店铺、发送卡券、售卖商品、物流服务、在线结算、营销补贴、直播带货、社群管理、经营分析等多项功能，形成了完备的产品运营体系。

以小程序为核心，灵活运用多个私域触点，万达广场实现了线上线下流量互哺。

场外精准导流：线上线下流量互哺，以差异化运营提升顾客黏性

作为线下流量场，购物中心在拉新成本方面具有天然优势，但顾客离场后的持续触达能力决定了其将流量转化成"留量"。万达广场充分发挥其线下拉新优势，将流量引导至线上，并将社群作为主要承接载体，在短时间内积累了数百万名粉丝顾客。基于不同的场景渠道，万达广场将顾客分群，并采用差异化运营策略，以提升顾客活跃度及粉丝价值。

同时，万达广场还积极尝试通过直播从线上获客，并将流量反哺线

下。万达广场与腾讯合作搭建了适合购物中心的直播模式，从权益组织、素材呈现、渠道传播、数据优化多个维度迅速跑通了购物中心的直播变现模式，最高单场直播销售额突破 500 万元。

场内交叉引流：利用支付后推荐及智能互动设备，增加顾客游逛深度

在日常经营中，购物中心往往只关注如何增加广场客流，对如何增加已到场顾客的游逛深度却束手无策。在传统经营模式下，购物中心只能利用为数不多的水牌及广告资源位对客流进行牵引，效果甚微。

针对这一痛点，万达广场和腾讯创新性地提出了基于小程序交易数据的交叉引流方案，在用户支付后有针对性地推送品牌券包及部分代金券，增加顾客游逛深度及延长驻留时间。试点期间，万达广场的顾客游逛深度增加超过 50%。

与此同时，万达广场还通过智能设备改造提升广告资源位的信息展示密度，引导用户扫码，提供基于历史交易数据的个性化商品推荐，并以游戏等形式提升智能场景的互动性，实现场内客流的二次甚至多次分发。

营销内容整合：与品牌实现营销资源打通，以优质内容促进销售转化

游逛深度的增加，有赖于场内交叉引流，但更重要的是购物中心与合作店铺（品牌）实现营销资源打通，为用户提供优质丰富的内容。万达广场按照与不同品牌的合作深度，将合作划分为提供独立优惠、互认会员身份、打通积分体系、共享私域流量、采销定制商品五种类型，并推出相应的玩法。

万达广场携手品牌打造的"超级品牌日"活动，通过品牌的万达专属

爆品、万达定制、专属消费补贴、满减返券、内购会、超低折扣品类、爆
款一口价和折上折等线下促销活动，以及万达广场小程序优惠、外部平台
直播带货等形式，进行线上线下一体化营销，助推联发品牌销售量提升。
截至 2021 年 10 月，万达广场已先后组织 40 多个品牌、上万家门店举办
万达广场专属"超级品牌日"活动。

线上交易增量：营销 IP 打造 + 业态创新，扩大业务想象力边界

为推动线上业务增长，万达广场还推出了首款营销产品"万味卡"，
线上线下一体化打造美食主题超级福利电子券包，覆盖餐饮、电影、娱
乐、停车等多业态消费场景。通过整合不同业态商户的优惠权益进行售
卖，"万味卡"助力万达广场小程序 GMV 达到数亿元。目前，万达广场正
在探索将"万味卡"发展成为常态化付费会员产品。

除了打造营销 IP，万达广场还积极创新业态，先后推出了"万达优
选"和"万达智选"两大新业态。万达优选是结合万达广场、万达百货的
优势资源做的优选品牌。有很多优秀的品类、品牌适合进购物中心，但是
又不具备开一家店的能力，就可以通过入驻万达优选店的方式呈现。万达
智选则意在赋能总部仓储，实现线上流量赋能中心化仓储，在全国范围内
提供配送到家服务。

交易数据沉淀：以买单码为突破口，实现购物中心和品牌的数据打通

顾客进入一家购物中心游逛，其实是在和商圈产生联系，一旦顾客
进入品牌门店，则转变为顾客跟导购间的联系，而只有在支付场景下，顾
客、购物中心和品牌三者才会同时产生关联。因此，购物中心的小程序需
要重点协调好平台与品牌的合作关系，在顾客、购物中心和品牌三方的交

易结算机制上做好优化升级。

腾讯针对购物中心私域建设推出的买单码业务解决方案，打通了购物中心、品牌和顾客之间的交易结算环节。在这过程中，微信支付提供底层的交易结算技术支持，顾客完成支付还能领取优惠券和积分等奖励，享受由购物中心或品牌提供的会员权益。

在"买单码"上，万达商管和微信支付联手，通过搭建买单场景，实现合作品牌营销资源整合，通过线上派、领、售、抢、抽、兑等各种形式获得各类卡、券、票、分、商品等优质内容，全面实现顾客在万达广场可以"少跑腿、多逛店、频来场"，并在全国所有万达广场上线了"支付即积分"新功能。顾客在这些万达广场授权使用"支付即积分"功能后，在商圈门店使用微信支付，即可实现积分自动到账。顾客通过小程序便可进行积分查询及权益兑换。

与此同时，万达广场也在顾客知情且同意的情况下，实现了交易数据的最大化采集。

智能业务决策：以数据分析为驱动引擎，优化运营策略

在购物中心的经营模式下，经常存在多个不同的经营主体，这导致视频号、公众号（订阅号、服务号）、企业微信社群、小程序等腾讯生态工具之间的跳转及流失关系难以有效衡量。为解决这一问题，万达广场接入腾讯有数，利用其全触点、多链路的经营分析能力，实现了数据侧的全链路打通，为各项业务经营决策提供数据性支持。

面对瞬息万变的市场，万达广场还与腾讯大数据合作，对目标客群进行有效的聚类，并有针对性地输出精准化营销策略，用客观数据支持项目选址、项目定位、活动运营、租金预测等运营决策，效果显著。

数据成果

- 2021 年 10 月 4 日，万达广场小程序用户量突破亿元级大关，万达广场成为腾讯生态"购物中心及百货"行业首个突破亿级用户量的商业广场品牌。

- 截至 2022 年，万达广场小程序深度连接超 1.1 亿名注册会员，2021 年全年私域 GMV 增速超 200%，成为商业中心类小程序中的领头羊。

案例：天虹

案例亮点

经过几年的数字化尝试，天虹数科商业股份有限公司（以下简称天虹）已建立了较为扎实、成熟的数字化体系，包括可触达、可交互、可洞察、可追溯的数字化运营体系，即门店数字化、营销数字化、服务数字化、用户数字化。通过数字化转型，天虹已成为全面的综合体服务平台与全流量入口，为消费者带来全新体验。

企业概况

天虹成立于 1984 年，是国有控股上市公司。天虹根据目标顾客需求的不同，以"百货、购物中心、超市"三大业态线上线下融合的数字化、体验式新零售，打造了以"亲和、信赖、享受生活"为核心价值的品牌，旗下拥有"天虹""君尚""sp@ce"品牌。

天虹在行业内率先转型，打破传统购物模式，践行"数字化""体验式""供应链"三大业务战略，大力发展线上线下一体化的智慧零售商业模式。天虹数字化已实现全门店、全业态、全流程覆盖，形成"到店 + 到家"的融合零售，并推进技术服务输出，成为科技零售的领先者。

需求痛点

在购物中心和百货业态，天虹是商业综合体数字化转型模式的代表，品牌及供应商以入驻商圈的形式在天虹平台上进行供货和销售。面对移动社交带来的新数字化机遇，如何更好地赋能场内商家，帮助它们更好地连接和服务商圈周边顾客？天虹希望联合腾讯，借助后者在产品、技术、渠道、资源等方面的能力优势，从门店数字化、营销数字化、服务数字化、用户数字化等方面对平台进行全方位改造，最终实现在为消费者带来全新体验的同时，成为全面的综合体服务平台与全流量入口，引领行业数字化升级。

优秀实践

门店数字化

2018 年，天虹正式上线小程序商城。为了给消费者带来更便捷的购物体验，天虹将 app 上的核心功能（如线上商城、超市到家、手机快速买单、智慧停车等）内嵌到微信小程序中，让消费者在线下场景可享受快速买单、便捷离场、优惠领取、自助缴费等多种服务。

营销数字化

2019 年，天虹逐步开发、上线适合微信生态的拼团、福利购等工具，以活动激励会员提升营销转化。为了以更低成本和更高效率拉动新顾客增加、老顾客复购，天虹还利用爆款、社群专属券、促销活动等方式，配合社群活动提升营销转化。在参与 2019 年腾讯智慧零售小程序倍增行动期间，天虹以拼团为主的社群专项活动在 4 天内覆盖了全国 86 家门店的超过 2200 个社群，带动拼团订单环比增长 56%，实收环比上升 17%。

2020 年以来，天虹小程序上线"专柜到家"、直播等，以商品数字化实现业绩快速增长。基于"专柜到家"服务，消费者可在线购买专柜同款，并享有快速送货到家、到店提货两种选择，消费者还可直接添加导购的企业微信，完成在家购买商品、线上办理退货、实时领取优惠、了解活动新品等操作。基于天虹小程序直播，兰蔻、欧莱雅、斐乐、周大福、联合利华等多个品牌创下了全渠道单日销售额超 200 万元的销售纪录，更有百丽、安踏、华为等数十个品牌实现全年在线销售额超千万元。

服务数字化

2021 年以来，天虹小程序陆续开通餐饮外卖、服务预约等功能，打造更加全面的综合体服务平台和全流量入口。天虹希望通过本地化平台和数字化工具持续推动数字化转型，助力平台商户更好地连接并服务商圈周边顾客，让更多的品牌商、供应商看到天虹的平台价值。

用户数字化

通过对服务的数字化升级，天虹在线上形成了"app+小程序＋公众

号 + 企业微信 + 社群"的私域用户服务生态与会员体系,与线下的"百货 + 购物中心 + 超市"的多业态实体形成一体化经营。

在购物中心场景,利用微信的"支付即积分"功能,天虹实现了与商户的信息打通,从而将商圈内所有的商户整合在一起,更好地了解品牌经营状况,同时掌握运营用户的抓手,促进更多连带消费产生和购买黏性增强。

基于微信支付后的授权,消费者的消费信息可以同步传送给商家和天虹,实现自动积分。自动积分的数字化能力省去了过去烦琐的人工积分流程,更有助于增强消费者保留积分权益的意愿。

数据成果

- 2022 年天虹线上商品销售 GMV 及数字化服务收入达 57 亿元。

- 截至 2022 年底,天虹整体数字化会员人数超 4200 万,app 和小程序月活会员数逾 490 万,近 3.4 亿人次通过天虹 app 和小程序交互获取信息或完成消费。

| 附录 |

腾讯生态公域私域场景联动模型

品牌运用腾讯生态公域私域场景联动模型（见附图1）可全面连接公域私域场景，打造线上线下一体化品牌自主经营阵地，实现品牌力长线提升。

附图1　腾讯生态公域私域场景联动模型总览

品牌营销目标一：消费者群体经营

在腾讯公域拓展及运营消费者群体包括以下几个方面。

- **链路一：公众号加粉**，品牌引导消费者关注公众号并成为公众号粉丝（见附图2）。

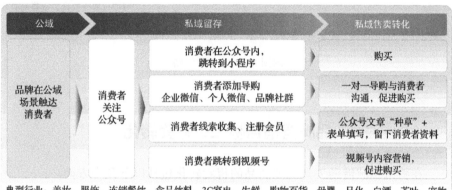

附图2　公众号加粉链路

- **链路二：添加导购**，引导消费者添加品牌导购的企业微信、个人微信（见附图3）。

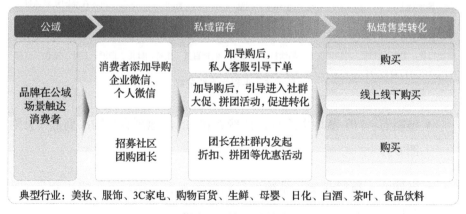

附图3　添加导购链路

- 链路三：**线索收集**，收集潜在消费者线索（见附图 4）。

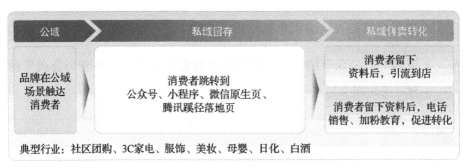

附图 4　线索收集链路

品牌营销目标二：售卖转化

在腾讯私域借助工具实现商品的售卖转化包括以下几个方面。

- 链路四：**小程序直购**，直接跳转到小程序购买商品（见附图 5）。

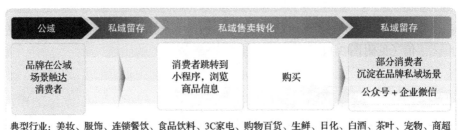

附图 5　小程序直购链路

- 链路五：**H5 落地页直购**，消费者在 H5 落地页直接购买商品（见附图 6）。

- 链路六：**直播带货**，品牌引导消费者观看直播，下单购买商品（见附图 7）。

附图 6　H5 落地页直购链路

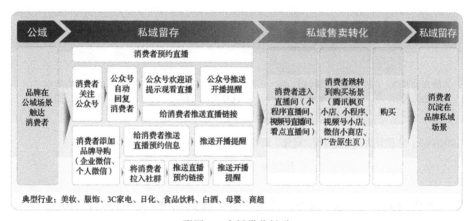

附图 7　直播带货链路

品牌营销目标三：引流转化

引流转化包括以下几个方面。

- **链路七：引流到店**，引流至线下门店（见附图 8）。

- **链路八：O2O 到家**，引导消费者在线上购买，并提供上门服务（见附图 9）。

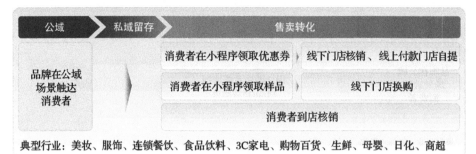

附图 8　引流到店链路

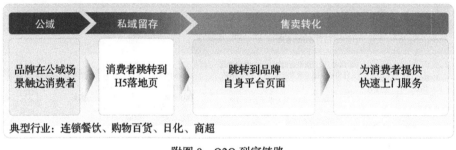

附图 9　O2O 到家链路

- **链路九：引流到 app，**将消费者引流到品牌 app（见附图 10）。

- **链路十：引流到电商，**引导消费者跳转到电商平台购买（见附图 11）。

附图 10　引流到 app 链路

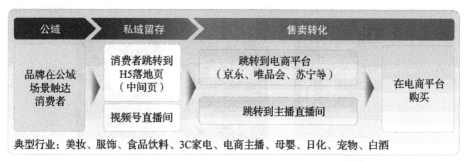

附图11　引流到电商链路

科特勒新营销系列

书号	书名	定价	作者
978-7-111-71337-1	营销革命5.0：以人为本的技术	69.00	(美) 菲利普·科特勒
978-7-111-66272-3	什么是营销	69.00	曹虎 王赛 科特勒咨询集团(中国)
978-7-111-62454-7	菲利普·科特勒传:世界皆营销	69.00	(美) 菲利普·科特勒
978-7-111-63264-1	米尔顿·科特勒传:奋斗或死亡	79.00	(美) 菲利普·科特勒
978-7-111-58599-2	营销革命4.0:从传统到数字	45.00	(美) 菲利普·科特勒
978-7-111-61974-1	营销革命3.0:从价值到值观的营销(轻携版)	59.00	(美) 菲利普·科特勒
978-7-111-61739-6	水平营销:突破性创意的探寻法(轻携版)	59.00	(美) 菲利普·科特勒
978-7-111-55638-1	数字时代的营销战略	99.00	(美) 艾拉·考夫曼 (中) 曹虎 王赛 乔林

定位经典丛书

序号	ISBN	书名	作者
1	978-7-111-57797-3	定位（经典重译版）	（美）艾·里斯、杰克·特劳特
2	978-7-111-57823-9	商战（经典重译版）	（美）艾·里斯、杰克·特劳特
3	978-7-111-32672-4	简单的力量	（美）杰克·特劳特、史蒂夫·里夫金
4	978-7-111-32734-9	什么是战略	（美）杰克·特劳特
5	978-7-111-57995-3	显而易见（经典重译版）	（美）杰克·特劳特
6	978-7-111-57825-3	重新定位（经典重译版）	（美）杰克·特劳特、史蒂夫·里夫金
7	978-7-111-34814-6	与众不同（珍藏版）	（美）杰克·特劳特、史蒂夫·里夫金
8	978-7-111-57824-6	特劳特营销十要	（美）杰克·特劳特
9	978-7-111-35368-3	大品牌大问题	（美）杰克·特劳特
10	978-7-111-35558-8	人生定位	（美）艾·里斯、杰克·特劳特
11	978-7-111-57822-2	营销革命（经典重译版）	（美）艾·里斯、杰克·特劳特
12	978-7-111-35676-9	2小时品牌素养（第3版）	邓德隆
13	978-7-111-66563-2	视觉锤（珍藏版）	（美）劳拉·里斯
14	978-7-111-43424-5	品牌22律	（美）艾·里斯、劳拉·里斯
15	978-7-111-43434-4	董事会里的战争	（美）艾·里斯、劳拉·里斯
16	978-7-111-43474-0	22条商规	（美）艾·里斯、杰克·特劳特
17	978-7-111-44657-6	聚焦	（美）艾·里斯
18	978-7-111-44364-3	品牌的起源	（美）艾·里斯、劳拉·里斯
19	978-7-111-44189-2	互联网商规11条	（美）艾·里斯、劳拉·里斯
20	978-7-111-43706-2	广告的没落 公关的崛起	（美）艾·里斯、劳拉·里斯
21	978-7-111-56830-8	品类战略（十周年实践版）	张云、王刚
22	978-7-111-62451-6	21世纪的定位：定位之父重新定义"定位"	（美）艾·里斯、劳拉·里斯 张云
23	978-7-111-71769-0	品类创新：成为第一的终极战略	张云

关键时刻掌握关键技能